Konjunktur und Krise

AKADEMIE-VERLAG · BERLIN

WISSENSCHAFTLICHES

BULLETIN

DES INSTITUTS FÜR

WIRTSCHAFTSWISSENSCHAFTEN

BEI DER

DEUTSCHEN AKADEMIE

DER WISSENSCHAFTEN

ZU BERLIN

HEFT

4

1965

9. JAHRGANG

THEORIA CUM PRAXI

INHALT

Redaktionsschluß: 10. 9. 1965

Herausgeber: Institut für Wirtschaftswissenschaften bei der Deutschen Akademie der Wissenschaften zu Berlin

Anschrift der Redaktion: 108 Berlin 8, Leipziger Str. 3

Verantwortlich für den Inhalt: Prof. Dr. J. L. SCHMIDT, 108 Berlin 8, Leipziger Str. 3. Verlag: Akademie-Verlag GmbH, 108 Berlin 8, Leipziger Str. 3–4, Fernruf 22 04 41, Telex-Nr. 01 17 73, Postscheckkonto: Berlin 350 21. Die Zeitschrift erscheint vierteljährlich. Bezugspreis eines Heftes MDN 4,–. Veröffentlicht unter der Lizenznummer 1338 des Presseamtes beim Vorsitzenden des Ministerrates der Deutschen Demokratischen Republik. Bestellnummer dieses Heftes: 1059/9/4. Gesamtherstellung: VEB Druckerei „Thomas Müntzer", 582 Bad Langensalza.

Konjunktur und Krise

Wissenschaftliches Bulletin des Instituts für Wirtschaftswissenschaften
bei der Deutschen Akademie der Wissenschaften zu Berlin

9. Jahrgang 1965 Heft 4

Probleme der Haushaltsstruktur und des Haushaltsvolumens in Westdeutschland und ihre Bedeutung für den Reproduktionsprozeß

KURT ZIESCHANG

Mit diesem Beitrag soll die Veröffentlichung von Arbeiten zur Rolle der Staatsfinanzen im gegenwärtigen staatsmonopolistischen System fortgesetzt werden. Dieser Artikel behandelt ein Teilproblem der Untersuchungen, die vom Verfasser in Nummer 1/1965 dieses Bulletins veröffentlicht wurden. Die folgenden Ausführungen sind deshalb als Ergänzung und nähere Erläuterungen der in dem erwähnten Beitrag behandelten Fragen gedacht. Sie sind als Teilproblem im Zusammenhang mit der vom Verfasser in dem erwähnten Artikel dargelegten Gesamtkonzeption zu betrachten. Einige Wiederholungen werden sich im Interesse des Zusammenhanges der folgenden Darlegungen dabei nicht vermeiden lassen.

Die erste Frage, die bei der Untersuchung der Rolle der Staatsfinanzen im modernen Kapitalismus auftaucht, ist die nach der Struktur und dem Volumen der Staatshaushalte – der Staatsfinanzen – und ihrem Wachstum. Ihre Beantwortung gibt uns erste und allgemeine Anhaltspunkte über deren Einfluß auf den Reproduktionsprozeß.

Das tatsächliche Haushaltsvolumen, den Umfang der Staatsfinanzen, zu erfassen, ist eine etwas schwierige Angelegenheit – auch wenn wir hier von einer Erfassung nach ökonomischen Gesichtspunkten ganz absehen. Oftmals wird in unserer Literatur vom Umfang des Haushaltes gesprochen, ohne daß man weiß, was eigentlich darunter verstanden wird: Welche Haushalte meint man. Meint man das Einnahmevolumen oder das Ausgabevolumen. Ökonomisch ganz falsch wird die Sache, wenn man sich, wie es nicht selten geschieht, auf eine westdeutsche Berechnung beruft, nach deren Angaben angeblich 40% des Nationaleinkommens durch die Haushalte (einschl. staatlicher Versicherungen) umverteilt werden. Abgesehen davon, daß bei dieser Berechnung die ganze Angelegenheit nur von der Einnahmeseite betrachtet wird, erfaßt die Berechnung nur die Mittel, die direkt und unmittelbar in den Haushalten erscheinen, aber keinesfalls das, was wir als Marxisten unter staatsmonopolistischer Umverteilung durch das Finanzsystem verstehen.

Zunächst gehört zu dem, was wir unter „staatlichen Haushalten" verstehen, der Bundeshaushalt – der wiederum den ordentlichen und den außerordentlichen Haushalt umfaßt und meist auch einen Nachtragshaushalt einschließt –, die Länderhaushalte und die Gemeindehaushalte.

Allein an Steuern nahmen diese Haushalte ein (in Md. DM):[1]

	1950	1963
Bundeshaushalt	9,6	49,4
Länderhaushalte	6,5	28,5
Gemeindehaushalt	2,7	11,8
Insgesamt	18,8	89,7

Ganz abgesehen von der gewaltigen Steigerung der Steuereinnahmen machen diese Zahlen sehr deutlich klar, daß man bei der Erfassung der ökonomischen Rolle der Staatsfinanzen in der erweiterten Reproduktion nicht nur den Bundeshaushalt berücksichtigen kann.

1961 verausgabten diese Haushalte (einschl. Lastenausgleichsfonds) 98,6 Md. DM, davon der Bundeshaushalt 52,2 Md. DM (in diesem Jahr und auch noch 1962 wuchsen die Ausgaben besonders bei den Ländern aber auch bei den Gemeinden sogar schneller als die Ausgaben des Bundes). 1962 wiesen dieselben Haushalte ein Gesamteinnahmevolumen von 104,2 Md. DM auf.

Diese Haushalte weisen bei allen gemeinsamen Zügen in ihrer Stoßrichtung, in ihrer Einnahmen- und Ausgabengestaltung eine ganze Reihe von Unterschieden auf, dienen in ihren Bereichen oftmals speziellen Aufgaben. Auch ergeben sich, z. B. für ihre Rolle bei der staatsmonopolkapitalistischen Regulierung, durch ihren sogenannten föderalistischen Aufbau manche spezielle Fragen (national wie auch international).

Die Finanzoligarchie möchte z. B. aus einer Reihe von Gründen diesen Aufbau möglichst liquidieren bzw. die Staatsfinanzen, besonders die Verfügungsgewalt darüber, noch mehr zentralisieren. Dies würde für sie ihren staatsmonopolistischen Einsatz in manchem erleichtern.

Es wird verständlich sein, wenn wir uns im weiteren nicht mit dem Gesamtkomplex Staatsfinanzen beschäftigen können, sondern uns vor allem auf den Bundeshaushalt konzentrieren müssen.

Zum Bundeshaushalt selbst müssen wir noch bemerken, daß es hier den Begriff „Haushalt im engeren und weiteren Sinne" gibt. Der Haushalt enthält Mittel (z. B. 1963 1,74 Md. DM Lastenausgleichsabgaben und weitere 10,8 Mill. DM), die zwar mittels des Haushaltes eingetrieben werden, aber auf deren Gestaltung der Staat keinen unmittelbaren Einfluß hat, die den Haushalt nur „durchlaufen".

Es ist charakteristisch für den modernen Kapitalismus, daß der Umfang der Staatsfinanzen, besonders wenn man ihre Rolle in der erweiterten Reproduktion betrachtet, nicht vom Umfang der bisher erwähnten Haushalte begrenzt wird. Bei unseren folgenden Bemerkungen wird es sehr schwer, immer abzugrenzen, was nun von dem Erwähnten zu den staatlichen Finanzen gehört und was nicht. Die nachstehenden staatlichen Institutionen weisen sowohl in ihrer Aufgabenstellung, als auch in ihrer Mittel- (bzw. Kapital-)Beschaffung und -verwendung (bzw. -anlage) als auch in ihrer ganzen Arbeitsweise große Unterschiede auf. Uns geht es hier auch nicht um eine Abgrenzung, sondern um den Hinweis, daß sich die zunehmende Bedeutung der Staatsfinanzen keineswegs nur in den wachsenden direkten Staatshaushalten ausdrückt.

[1] Nach: Monatsbericht der Deutschen Bundesbank, April 1964, S. 84 und 88.

KONJUNKTUR UND KRISE

Wissenschaftliches Bulletin des Instituts für Wirtschaftswissenschaften
bei der Deutschen Akademie der Wissenschaften zu Berlin

Statistische Beilage

24. Folge

(Beilage zu Heft 4/1965)

Angaben zur Entwicklung und Bedeutung der chemischen Industrie in ausgewählten kapitalistischen Ländern

Zeichenerklärungen:

.	Angaben liegen nicht vor.
...	Angaben lagen bei Redaktionsschluß nicht vor.
–	Null oder weniger als die Hälfte der verwendeten Einheit.
———	Ein Trennungsstrich innerhalb der Zahlenreihe (horizontal in den Spalten, vertikal in den Zeilen) bezeichnet eine Unterbrechung der Kontinuität der Reihe. Vergleiche die jeweilige Anmerkung.
*	Vorläufige Zahlen.
( )	Geschätzte Zahlen.

INHALTSVERZEICHNIS

Diese Statistische Beilage wurde zusammengestellt und berechnet von HELMUT MANTE, LUDMILA LEFTEROFF, LIESELOTTE NEUBERTH, MAGDALENE HAMMER und ERICH JÄHNICHEN.

VORBEMERKUNGEN

Die vorliegende statistische Beilage ist eine Materialsammlung über die Entwicklung der Produktion der chemischen Industrie und des Außenhandels von chemischen Erzeugnissen in einigen entwickelten kapitalistischen Ländern.

Quellenangaben befinden sich am Fuß der Tabellen.

Weitere Materialien über die Produktion und die Beschäftigten in der chemischen Industrie befinden sich in folgenden statistischen Beilagen: 2. und 3., 6., 7., 9., 10., 11., 12., 13., 14., 15., 16., 17. und 19. Folge.

Tabelle 1

Produktionsindices der gesamten und der chemischen Industrie 1948—1964; 1953 = 100[1]

Land		1948	1949	1950	1951	1952	1953	1954	1955	1956	1957	1958	1959	1960	1961	1962	1963	1964
Belgien	1	87	90	93	106	100	100	106	116	123	124	116	122	129	135	143	152	...
	2	75	76	83	108	99	100	115	122	134	136	139	157	171	186	210	207	220
Dänemark	1	82	88	98	100	96	100	109	111	113	120	123	138	151	157	...	...	...
	2	82	88	102	104	94	100	109	110	113	116	122	135	140	146	...	...	...
Frankreich	1	73	83	89	99	98	100	109	117	128	139	145	150	167	175	185*	195*	...
	2	72	74	81	99	92	100	114	132	156	168	182	194	221	240	261	288	323
Großbritannien	1	82	88	94	98	95	100	108	114	114	116	114	120	129	130	131	135	...
	2	64	71	83	89	84	100	110	116	121	125	123	136	151	153	159	172	189
Italien	1	62	68	78	89	91	100	109	119	128	138	143	158	182	202	222	241	...
	2	47	55	66	86	81	100	123	135	149	157	177	209	244	275	336	373	408
Niederlande	1	71	78	88	91	91	100	111	119	124	127	127	139	154	160	169	178	...
	2	64	76	93	99	93	100	110	117	123	133	137	148	174	179	202	216	...
Norwegen	1	71	78	88	95	94	100	109	125	133	135	135	141	154	162	169	178	...
	2	52	64	85	102	96	100	120	122	126	129	127	138	149	184	203	211	236
Österreich	1	54	72	86	97	98	100	116	136	143	151	154	163	180	187	192	202	...
	2	68	79	97	100	92	100	113	133	134	142	145	157	175	188	204	226	257
Schweden	1	81	91	95	100	98	100	104	111	115	119	122	129	141	147	150	153	...
	2	77	82	92	97	96	100	118	114	122	131	132	136	.	.	.	.	.
Westdeutschland	1	44	65	72	85	91	100	112	129	139	147	152	162	180	190	199	207	...
	2	36	52	70	84	85	100	114	129	141	157	170	196	226	246	276	305	341
USA	1	75	71	82	89	92	100	94	106	109	110	103	116	119	120	130	136	...
	2	67	66	81	90	93	100	99	115	122	127	127	145	151	158	174	188	201
Kanada	1	75	77	83	90	94	100	100	110	120	120	120	129	130	134	144	152	...
	2	66	70	76	85	89	100	108	120	130	135	141	151	159	162	170	182	198
Japan	1	36	46	59	79	86	100	109	119	145	172	172	214	271	323	349	385	451
	2	29	40	55	73	81	100	114	132	159	187	194	221	263	299	342	402	471

[1] 1. Gesamte Industrie
2. Chemische Industrie

Quellen: OECD Statistical Bulletins, Industrial Statistics 1900—1962, Paris 1964, S. 7.
1964: BIKI 1965 Priloženie Nr. 5, S. 102
Japan: 1948—1960 umbasiert aus Konjunktur und Krise, Statistische Beilage, 14. Folge zu Heft 2/1963
1961—1964 umbasiert aus Japanese Economic Statistics, monatl. Bulletin, April 65

Tabelle 2

Jährliche Zuwachsraten der gesamten und der chemischen Industrie 1949—1964

Land		1949	1950	1951	1952	1953	1954	1955	1955	1956	1957	1958	1959	1960	1961	1963	1964
Belgien	1	3,4	3,3	14,0	–5,7	0,0	6,0	9,4	6,0	0,8	–6,5	5,2	5,7	4,7	5,9	6,3	...
	2	1,3	9,2	30,1	–8,3	1,0	15,0	6,1	9,8	1,5	2,2	12,9	8,9	8,8	12,9	–1,4	6,3
Dänemark	1	7,3	11,4	2,0	–4,0	4,2	9,0	1,8	1,8	6,2	2,5	12,2	9,4	4,0	...	...	...
	2	7,3	15,9	2,0	–9,6	6,4	9,0	0,9	2,7	2,7	5,2	10,7	3,7	4,3	...	...	...
Frankreich	1	13,7	7,2	11,2	–1,0	2,0	9,0	7,3	9,4	8,6	4,3	3,4	11,3	4,8	5,7	5,4	...
	2	2,8	9,5	22,2	–7,1	8,7	14,0	15,8	18,2	7,7	8,3	6,6	13,9	8,6	8,8	10,3	12,2
Großbritannien	1	7,3	6,8	4,3	–3,1	5,3	8,0	5,6	0,0	1,8	–1,7	5,3	7,5	0,8	0,8	3,1	...
	2	10,9	16,9	7,2	–5,6	19,0	10,0	5,5	4,3	3,3	–1,6	10,6	11,0	1,3	3,9	8,2	9,9
Italien	1	9,7	14,7	14,1	2,2	9,9	9,0	9,2	7,6	7,8	3,6	10,5	15,2	11,0	9,9	8,6	...
	2	17,0	20,0	30,3	–5,8	23,5	23,0	9,8	10,4	5,4	12,7	18,1	16,7	12,7	22,2	11,0	9,4
Niederlande	1	9,9	12,8	3,4	0,0	9,9	11,0	7,2	4,2	2,4	0,0	9,4	10,8	3,9	5,6	5,3	...
	2	18,8	22,3	6,5	–6,1	7,5	10,0	6,4	5,1	8,1	3,0	8,0	17,6	2,9	12,8	6,9	...
Norwegen	1	9,9	12,8	8,0	–1,1	6,4	9,0	14,7	6,4	1,5	0,0	4,4	9,2	5,2	4,3	5,3	...
	2	23,1	32,8	20,0	–5,9	4,2	20,0	1,7	3,3	2,4	–1,6	8,7	8,0	23,5	10,3	3,9	11,8
Österreich	1	33,3	19,4	12,8	1,0	2,0	16,0	17,2	5,1	5,6	2,0	5,8	10,4	3,9	2,7	5,2	...
	2	16,2	22,8	3,1	–8,0	8,7	13,0	17,7	0,8	6,0	2,1	8,3	11,5	7,4	8,5	10,8	13,7
Schweden	1	12,3	4,4	5,3	–2,0	2,0	4,0	6,7	3,6	3,5	2,5	5,7	9,3	4,3	2,0	2,0	...
	2	6,5	12,2	5,4	–1,0	4,2	8,0	5,6	7,0	7,4	0,8	3,0	.	.	.	.	.
Westdeutschland	1	47,7	10,8	18,1	7,1	9,9	12,0	15,2	7,8	5,8	3,4	6,6	11,1	5,6	4,7	4,0	...
	2	44,4	34,6	20,0	1,2	17,6	14,0	13,2	9,3	11,3	8,3	15,3	15,3	8,8	12,2	10,5	11,8
USA	1	–5,3	15,5	8,5	3,4	8,7	–6,0	12,8	2,8	0,9	–6,4	12,6	2,6	0,8	8,3	4,6	...
	2	–1,5	22,7	11,1	3,3	7,5	–1,0	16,2	6,1	4,1	0,0	14,2	4,1	4,6	10,1	8,0	6,9
Kanada	1	2,7	7,8	8,4	4,4	6,4	0,0	10,0	9,1	0,0	0,0	7,5	0,8	3,1	7,5	5,6	...
	2	6,1	8,6	11,8	4,7	12,4	8,0	11,1	8,3	3,8	4,4	7,1	5,3	1,9	4,9	7,1	8,8
Japan	1	27,8	28,3	33,9	8,9	16,3	9,0	9,2	21,8	18,6	0,0	24,4	26,6	19,2	8,0	10,3	17,1
	2	37,9	37,5	32,7	11,0	23,5	14,0	15,8	20,5	17,6	3,7	13,9	19,0	13,7	14,4	17,5	17,2

Berechnet nach Tabelle 1.

Tabelle 3

Produktion von Kunststoffen; 1950—1962; in 1000 t

Jahr	Belgien	Frankreich[2]	Groß-britannien	Italien	Niederlande	Norwegen	Schweden	West-deutschland	USA
1950	5,0	33,4	157,5	22,8	11,4	0,9	14,5	84,4*	.
1951	6,0*	45,0*	198,1	31,2	12,5*	.	–	130,0*	.
1952	8,0*	42,0*	182,9	38,4	14,0*	.	.	159,8	.
1953	10,8	52,5	213,4	51,6	15,8	4,4	20,9	207,3	.
1954	14,1	84,8	266,4*	76,9	21,6	7,1	27,8	284,5	1342,7
1955	16,6	102,2	309,5*	96,4	26,0	9,0	31,5	361,8	1761,0
1956	18,1	129,9	334,1*	116,4	34,8	9,7	35,8	437,5	1871,5
1957	23,0	182,6	381,4*	134,4	45,0	14,5	42,6	535,1	1960,6
1958	27,1	232,3	414,0	167,8	50,1	19,6	48,5	607,1	2094,1
1959	33,5	270,8	497,0	220,1	65,8	22,6	56,1	778,7	2730,8
1960	39,5	347,2	587,5	296,7	76,0	27,8	61,5	963,6	2849,2
1961	46,6	368,0	598,6	405,7	94,6	33,3	68,3	1054,9	2927,4
1962	66,5	440,0	686,2	527,7	113,9	36,9	74,5	1230,4	3346,8

* Geschätzt.

1 Kunststoffe ohne Textilfasern und synthetischen Kautschuk.

2 Bis 1956 Produktion ohne wiedergewonnene Zellulose.

Quelle: Statistical Bulletin, Industrial Statistics 1900—1962, OECD, Paris 1964, S. 155, 157.

Tabelle 4

Umsatz der chemischen Industrie und ihr Anteil am Umsatz der gesamten Industrie 1950—1963
Westdeutschland[1]

Jahr	Industrie insgesamt[3]	Elektro-energie und Gas	Industrie insgesamt Sp 1 + 2[3]	Chemische Industrie[2]	Kohlen-wertstoff-industrie	Kautschuk und Asbest-verarb. Industrie	Mineralöl verarb. Industrie	Kunststoffe verarb. Industrie	Chemische Industrie Sp. 4 bis 8[3])	Anteil[3]) Sp. 9 : 3	Anteil[2]) Sp. 4 : 1
	Millionen DM									%	
	1	2	3	4	5	6	7	8	9	10	11
1950	80395	2817	83212	6880	129	1092	902	252	9255	11,1	8,6
1951	109908	3468	113376	9295	184	1576	1661[4]	340	13056	11,5	8,5
1952	119392	4226	123618	8970	209	1593	2065[4]	403	13240	10,7	7,5
1953	126162	4776	130938	10144	214	1616	2038	509	14521	11,1	8,0
1954	140943	5396	146339	11604	238	1852	2576	616	16886	11,5	8,2
1955	166511	5994	172505	13241	296	2251	3070	809	19667	11,4	8,0
1956	185646	6663	192309	14614	307	2380	3366	921	21588	11,2	7,9
1957	199551	7198	206749	16360	338	2470	3658	1181	24007	11,6	8,2
1958	205069	7675	212744	17275	341	2608	4425	1454	26103	12,3	8,4
1959	223656	8167	231823	19835	308	2983	6274	1865	31265	13,5	8,9
1960	258196	9178	267374	22360	332	3498	7795	2325	36310	13,6	8,7
1961	277922	9728	287650	23534	344	3643	8806	2641	38968	13,5	8,5
1962	304028	10405	404433	25544	.[5]	3839	.[5]	3149	.	.	8,4
1963	315309	...	...	27511	.[5]	4062	.[5]	3262	.	.	8,7

[1] Ab 1960 einschl. Saarland. — [2] Nach westdeutscher Abgrenzung. —
[3] Nach DDR-Abgrenzung. — [4] Einschl. Betriebe der Erdöl- und Erdgasgewinnung. —
[5] Aus Gründen der Geheimhaltung betrieblicher Einzelangaben nicht veröffentlicht, aber in der Gesamtsumme enthalten.

Quellen: Mitteilungsblatt zu volkswirtschaftlichen Fragen — Serie Chemie —, vergleichende Kennziffern der chemischen Industrie, Akademie-Verlag, Berlin 1963, S. 52.
Statistisches Jahrbuch für die Bundesrepublik Deutschland, 1964, S. 240, 260.

Tabelle 4 (Fortsetzung)

Umsatz der chemischen Industrie und ihr Anteil am Umsatz der gesamten Industrie 1950—1963

USA

Jahr	Industrie insgesamt[1]	Bergbau	Elektroenergie und Gas	Industrie insgesamt Sp 1+2+3[2]	Chemische Industrie[1]	Mineralöl und Kohle verarb. Industrie	Kautschuk verarb. Industrie	Chemische Industrie[2] Sp. 5+6+7	Anteil[2] Sp. 8 : 4	Anteil[1] Sp. 5 : 1
	Millionen Dollar								%	
	1	2	3	4	5	6	7	8	9	10
1950	216819	8257	7631	232707	16104	19281	3980	39365	16,9	7,4
1951	251227	9316	8507	269050	18055	23481	4851	46387	17,2	7,2
1952	257322	9366	9365	276053	17724	23904	4867	46495	16,8	6,9
1953	276835	9000	10213	296048	18440	25650	4972	49062	16,6	6,7
1954	266073	8239	11246	285558	18696	27509	4560	50765	17,8	7,0
1955	303573	9459	12519	325551	21422	30831	5776	58029	17,8	7,1
1956	316523	10454	13736	340713	22548	33756	5736	62040	18,2	7,1
1957	331021	11145	14833	356999	23744	36059	5612	65415	18,3	7,2
1958	323178	9555	15877	348610	23435	34871	5499	63805	18,3	7,3
1959	359057	9933	17615	386605	27011	36107	6219	69337	17,9	7,5
1960	366191	10408	19274	395873	27146	37915	6147	71208	18,0	7,4
1961	371289	11616	20197	403102	29306	37366	6044	72716	18,0	7,9
1962	399098*	12033*	21824[3]	432955	...	...	...	...	...	...
1963	422452*	12274*	23320*	458046	...	...	...	...	...	...

* Vorläufige Zahlen.

[1] Nach USA-Abgrenzung.

[2] Nach DDR-Abgrenzung.

[3] Geschätzt mit 60% des vorläufigen Gesamtwertes der Position „Communications and public utilities".

Quellen: Mitteilungsblatt zu volkswirtschaftlichen Fragen — Serie Chemie — vergleichende Kennziffern der chemischen Industrie, Akademie-Verlag, Berlin 1963, S. 28.
Survey of Current Business, Washington, 1964, 44, Nr. 7, S. 28, Tab. 49.

Tabelle 5

Entwicklung des Imports und Exports insgesamt und der chemischen Erzeugnisse sowie deren Anteil am Gesamt-Import und -Export 1950—1963 (Absolut, Index 1953 = 100 und jährliche Zuwachsraten)

Belgien-Luxemburg

Jahr	General-Import c. i. f.							General-Export f. o. b.						
	Insgesamt	Chemische Erzeugnisse		Import insesamt	Chemische Erzeug-nisse	Import insgesamt	Chemische Erzeug-nisse	Insgesamt	Chemische Erzeugniss		Export insgesamt	Chemische Erzeug-nisse	Export insgesamt	Chemische Erzeug-nisse
		insgesamt	Anteil am Gesamt-Import %						insgesamt	Anteil am Gesamt-Export %				
	Mio .Frank			Index 1953 = 100		Jährlicher Zuwachs %		Mio. Frank			Index 1953 = 100		Jährlicher Zuwachs %	
1951	126.412,2	6.124,3	4,8	105,1	101,7	.	.	132.364,9	10.288,3	7,8	117,6	129,0	.	.
1952	122.181,9	5.305,0	4,3	101,6	88,1	— 3,3	—13,4	122.233,9	8.209,8	6,7	108,6	102,9	— 7,7	—20,2
1953	120.233,5	6.021,7	5,0	100,0	100,0	— 1,6	13,5	112.531,5	7.976,9	7,1	100,0	100,0	— 7,9	— 2,8
1954	126.737,0	6.670,4	5,3	105,4	110,8	5,4	10,8	114.976,0	8.726,1	7,6	102,2	109,4	2,2	9,4
1955	141.476,0	7.741,1	5,5	117,7	128,6	11,7	16,1	138.787,7	9.366,9	6,7	123,3	117,4	20,6	7,3
1956	163,624,4	8.788,1	5,4	136,1	145,9	15,6	13,5	158.123,7	10.244,9	6,5	140,5	128,4	13,9	9,4
1957	171.622,0	10.049,9	5,9	142,7	166,9	4,8	14,4	159.301,7	11.011,5	6,9	141,6	138,0	0,8	7,5
1958	156.447,2	10.232,0	6,5	130,1	169,9	—8,8	1,8	152.287,0	11.546,4	7,6	135,3	144,7	— 4,4	4,9
1959	172.090,2	11.394,7	6,6	143,1	189,2	10,0	11,4	164.757,3	12.892,6	7,8	146,4	161,6	8,2	11,7
1960	197.854,4	12.803,0	6,5	164,6	212,6	15,0	12,4	188.771,9	12.670,3	6,7	167,8	158,8	14,6	— 1,3
1961	210.951,7	13.169,6	6,2	175,5	218,7	6,6	2,9	196.219,7	12.431,4	6,3	174,4	155,8	3,9	— 1,9
1962	227.770,9	13.916,7	6,1	189,4	231,1	7,9	5,7	216.179,3	12.546,3	5,8	192,1	157,3	10,1	1,0

Quelle: UN Yearbook of International Trade Statistics 1952—1962.

Tabelle 5 (Fortsetzung)

Dänemark

Jahr	General-Import c. i. f.							General-Export f. o. b.						
	Insgesamt	Chemische Erzeugnisse		Import insgesamt	Chemische Erzeugnisse	Import insgesamt	Chemische Erzeugnisse	Insgesamt	Chemische Erzeugnisse		Export insgesamt	Chemische Erzeugnisse	Export insgesamt	Chemische Erzeugnisse
		insgesamt	Anteil am Gesamt-Import %						insgesamt	Anteil am Gesamt-Export %				
	Mio. Kronen			Index 1953 = 100		Jährlicher Zuwach %		Mio. Kronen			Index 1953 = 100		Jährlicher Zuwachs %	
1950	5.890,5	386,7	6,6	85,3	77,7	.	.	4.591,7	110,6	2,4	74,3	70,3	.	.
1951	6.992,7	468,2	6,7	101,2	94,1	18,6	21,1	5.792,6	186,0	3,2	93,8	118,2	26,2	68,1
1952	6.645,0	441,2	6,6	96,2	88,7	– 4,9	– 5,7	5.874,0	138,0	2,3	95,1	87,7	1,4	–25,8
1953	6.908,1	497,6	7,2	100,0	100,0	4,0	12,7	6.178,4	157,3	2,5	100,0	100,0	5,2	14,0
1964	8.033,9	568,3	7,1	116,3	114,2	16,3	14,2	6.550,2	162,7	2,5	106,0	103,4	6,0	3,4
1955	8.097,9	568,7	7,0	117,2	114,3	0,8	0,1	7.198,1	179,4	2,5	116,5	114,0	9,9	10,3
1956	9.015,6	702,5	7,8	130,5	141,2	11,3	23,5	7.562,7	230,5	3,0	122,4	146,5	5,1	28,5
1957	9.342,9	777,3	8,3	135,2	156,2	3,6	10,6	7.979,3	249,3	3,1	129,1	158,5	5,5	8,2
1958	9.251,6	816,9	8,8	133,9	164,2	– 1,0	5,1	8.595,6	264,5	3,1	139,1	168,2	7,7	6,1
1959	11.012,3	931,4	8,5	159,4	187,2	19,0	14,0	9.494,2	347,7	3,7	153,7	221,0	10,5	31,4
1960	12.396,6	1.092,3	8,8	179,5	219,5	12,6	17,3	10.105,3	428,5	4,2	163,6	272,4	6,4	23,3
1961	12.894,7	1.181,9	9,2	186,7	237,5	4,0	8,2	10.457,7	494,1	4,7	169,3	314,1	3,5	15,3
1962	14.658,3	1.254,7	8,6	212,2	252,2	13,7	6,2	11.253,5	515,7	4,6	182,1	327,8	7,6	4,4

Tabelle 5 (Fortsetzung)

Frankreich

Jahr	Spezial-Import c. i. f.							Spezial-Export f. o. b.						
	Insgesamt	Chemische Erzeugnisse		Import insgesamt	Chemische Erzeugnisse	Import insgesamt	Chemische Erzeugnisse	Insgesamt	Chemische Erzeugnisse		Export insgesamt	Chemische Erzeugnisse	Export insgesamt	Chemische Erzeugnisse
		insgesamt	Anteil am Gesamt-Import %						insgesamt	Anteil am Gesamt-Export %				
	Mio. neue Frank			Index 1953 = 100		Jährlicher Zuwachs %		Mio. neue Frank			Index 1953 = 100		Jährlicher Zuwachs %	
1950	10.602,1	335,6	3,2	76,9	80,7	.	.	10.626,9	772,1	7,3	80,3	77,7	.	.
1951	15.506,0	530,6	3,4	112,5	127,6	46,3	58,1	14.240,4	1.232,0	8,7	107,6	124,1	34,0	59,7
1952	15.137,4	460,7	3,0	109,8	110,8	— 2,4	—13,2	13.394,1	1.003,8	7,5	101,2	101,1	— 5,9	—18,5
1953	13.781,2	415,8	3,0	100,0	100,0	— 8,9	— 9,7	13.238,1	993,1	7,5	100,0	100,0	— 1,2	— 1,1
1954	14.754,8	538,6	3,7	107,1	129,5	7,1	29,5	14.632,9	1.178,0	8,1	110,5	118,6	10,5	18,6
1955	16.587,2	654,3	3,9	120,4	157,4	12,4	21,5	17.198,3	1.296,1	7,5	129,9	130,5	17,6	10,0
1956	19.455,0	806,0	4,1	141,2	193,8	17,3	23,1	15.904,1	1.286,6	8,1	120,1	129,6	— 7,5	— 0,7
1957	22.478,7	890,1	4,0	163,1	214,1	15,5	10,5	18.702,4	1.550,4	8,3	141,3	156,1	17,7	20,4
1958	23.558,6	949,8	4,0	170,9	228,4	4,8	6,7	21.506,1	1.801,9	8,4	162,5	181,4	15,0	16,2
1959	25.114,3	1.130,9	4,5	182,2	272,0	6,6	19,1	27.681,9	2.330,7	8,4	209,1	234,7	28,7	29,4
1960	31.000,4	1.517,4	4,9	224,9	364,9	23,4	34,2	33.880,8	2.939,6	8,7	255,9	296,0	22,4	26,1
1961	32.959,7	1.819,7	5,5	239,2	437,6	6,4	19,9	35.586,7	3.125,4	8,8	268,8	314,7	5,0	6,3
1962	37.101,1	2.068,9	5,6	269,2	497,6	12,5	13,7	36.332,9	3.233,1	8,9	274,5	325,6	2,1	3,5

Tabelle 5 (Fortsetzung)

Großbritannien

Jahr	General-Import c. i. f.							General-Export f. o. b.						
	Insgesamt	Chemische Erzeugnisse insgesamt	Chemische Erzeugnisse Anteil am Gesamt-Import %	Import insgesamt	Chemische Erzeugnisse	Import insgesamt	Chemische Erzeugnisse	Insgesamt	Chemische Erzeugnisse insgesamt	Chemische Erzeugnisse Anteil am Gesamt-Export %	Export insgesamt	Chemische Erzeugnisse	Export insgesamt	Chemische Erzeugnisse
	Mio. Pfund	Mio. Pfund		Index 1953 = 100	Index 1953 = 100	Jährlicher Zuwachs %	Jährlicher Zuwachs %	Mio. Pfund	Mio. Pfund		Index 1953 = 100	Index 1953 = 100	Jährlicher Zuwachs %	Jährlicher Zuwachs %
1950	2.605,01	65,16	2,5	77,9	86,3	.	.	2.168,07	144,33	6,7	84,0	81,4	.	.
1951	3.908,54	111,98	2,9	116,9	148,3	50,1	71,8	2.575,73	198,74	7,7	99,8	112,0	18,8	37,6
1952	3.477,05	74,55	2,1	104,0	98,7	— 11,0	— 33,4	2.584,19	184,04	7,1	100,1	103,7	0,3	— 7,4
1953	3.342.88	75,53	2,3	100,0	100,0	— 3,8	1,3	2.582,00	177,40	6,9	100,0	100,0	— 0,1	— 3,6
1954	3.373,93	101,56	3,0	100,9	134,5	0,9	34,5	2.674,24	204,45	7,6	103,6	115,2	3,6	15,2
1955	3.880,90	112,08	2,9	116,1	148,4	15,1	10,3	2.905,42	233,34	8,0	112,5	131,5	8,6	14,1
1956	3.886,12	106,95	2,8	116,3	141,6	0,2	— 4,6	3.171,53	244,54	7,7	122,8	137,8	9,2	4,8
1957	4.070,81	114,28	2,8	121,8	151,3	4,7	6,9	3.324,41	267,43	8,0	128,8	150,7	4,9	9,4
1958	3.774,73	119,70	3,2	112,9	158,5	— 7,3	4,8	3.208,21	263,13	8,2	124,3	148,3	— 3,5	— 1,6
1959	3.990,10	138,37	3,5	119,4	183,2	5,8	15,6	3.325,70	293,10	8,8	128,8	165,2	3,6	11,4
1960	4.556,47	176,89	3,9	136,3	234,2	14,2	27,8	3.555,35	318,98	9,0	137,7	179,8	6,9	8,8
1961	4.397,93	168,92	3,8	131,6	223,6	— 3,4	— 4,5	3.682,40	327,48	8,9	142,6	184,6	3,6	2,7
1962	4.491,61	173,53	3,9	134,4	229,7	2,1	2,7	3.789,38	343,58	9,1	146,8	193,7	2,9	4,9

Tabelle 5 (Fortsetzung)

Italien

Jahr	Spezial-Import c. i. f.							Spezial-Export f. o. b.						
	Insgesamt	Chemische Erzeugnisse		Import insgesamt	Chemische Erzeugnisse	Import insgesamt	Chemische Erzeugnisse	Insgesamt	Chemische Erzeugnisse		Export insgesamt	Chemische Erzeugnisse	Export insgesamt	Chemische Erzeugnisse
		insgesamt	Anteil am Gesamt-Import %						insgesamt	Anteil am Gesamt-Export %				
	Mio. Lire			Index 1953 = 100		Jährlicher Zuwachs %		Mil. Lire			Index 1953 = 100		Jährlicher Zuwachs %	
1951	1.323.488	55.781	4,2	88,4	92,0	.	.	1.017.818	55.664	5,5	109,4	102,6	.	.
1952	1.445.592	54.060	3,7	96,6	89,1	9,3	— 3,2	864,209	55.551	6,4	92,9	102,4	—15,1	— 0,2
1953	1.496.760	60.656	4,1	100,0	100,0	3,5	12,2	930.009	54.268	5,8	100,0	100,0	7,6	— 2,3
1954	1.500.262	74.748	5,0	100,2	123,2	0,2	23,2	1.022.471	69.199	6,8	109,9	127,5	9,9	27,5
1955	1.690.686	87.919	5,2	113,0	144,9	12,8	17,6	1.160.661	79.599	6,9	124,8	146,7	13,6	15,1
1956	1.980.133	109.407	5,5	132,3	180,4	17,1	24,5	1.347.982	94.933	7,0	144,9	174,9	16,1	19,2
1957	2.265.833	112.523	5,0	151,4	185,5	14,4	2,8	1.587.572	97.381	6,1	170,7	179,4	17,8	2,6
1958	1.971.403	122.800	6,2	131,7	202,5	—13,0	9,2	1.585.137	105.320	6,6	170,4	194,1	— 0,2	8,2
1959	2.007.805	143.403	7,1	134,1	236,4	1,8	16,7	1.809.329	129.335	7,1	194,5	238,3	14,1	22,8
1960	2.946.189	214.583	7,3	196,8	353,8	46,8	49,7	2.281.192	164.303	7,2	245,3	302,8	26,1	27,1
1961	3.264.024	226.082	6,9	218,1	372,7	10,8	5,3	2.617.346	200.824	7,7	281,4	370,1	14,7	22,2
1962	3.785.241	242.375	6,4	252,9	399,6	16,0	7,2	2.916.290	223.265	7,7	313,6	411,4	11,4	11,2

Tabelle 5 (Fortsetzung)

Niederlande

Jahr	Spezial-Import c. i. f.							Spezial-Export f. o. b.						
	Insgesamt	Chemische Erzeugnisse		Import insgesamt	Chemische Erzeugnisse	Import insgesamt	Chemische Erzeugnisse	Insgesamt	Chemische Erzeugnisse		Export insgesamt	Chemische Erzeugnisse	Export insgesamt	Chemische Erzeugnisse
		insgesamt	Anteil am Gesamt-Import %						insgesamt	Anteil am Gesamt-Export %				
	Mio. Gulden			Index 1953 = 100		Jährlicher Zuwachs %		Mio. Gulden			Index 1953 = 100		Jährlicher Zuwachs %	
1951	9.634,3	445,0	4,6	108,8	109,6	.	.	7.337,9	604,5	8,2	91,1	104,9	.	.
1952	8.326,1	333,1	4,0	94,1	82,0	−13,5	−25,2	7.929,0	597,4	7,5	98,4	103,7	8,0	− 1,1
1953	8.852,0	406,2	4,6	100,0	100,0	6,3	22,0	8.057,6	576,1	7,1	100,0	100,0	1,6	− 3,6
1954	10.688,1	521,6	4,9	120,7	128,4	20,7	28,4	9.058,9	651,7	7,2	112,4	113,1	12,4	13,1
1955	12.188,9	584,2	4,8	137,7	143,8	14,1	12,0	10.211,2	731,6	7,2	126,7	127,0	12,7	12,3
1956	14.105,2	655,7	4,6	159,3	161,4	15,7	12,2	10.874,6	821,6	7,6	135,0	142,6	6,6	12,3
1957	15.597,0	760,1	4,9	176,2	187,1	10,6	15,9	11.770,0	1.000,2	8,5	146,1	173,6	8,2	21,7
1958	13.774,3	760,0	5,5	155,6	187,1	−11,7	0,0	12.225,8	1.035,7	8,5	151,7	179,8	3,8	3,6
1959	14.967,4	925,8	6,2	169,1	227,9	8,7	21,8	13.704,5	1.211,3	8,8	170,1	210,1	12,1	17,0
1960	17.216,6	1.135,5	6,6	194,5	279,5	15,0	22,6	15.305,3	1.139,8	7,4	189,9	197,8	11,6	− 5,9
1961	18.651,5	1.116,0	6,0	210,7	274,7	8,3	− 1,7	15.712,3	1.377,0	8,8	195,0	239,0	2,7	20,8
1962	19.358,1	1.162,6	6,0	218,7	286,2	3,8	4,2	16.596,3	1.475,9	8,9	206,0	256,2	5,6	7,2

Tabelle 5 (Fortsetzung)

Norwegen

Jahr	General-Import c. i. f.							General-Export f. o. b.						
	Insgesamt	Chemische Erzeugnisse		Import insgesamt	Chemische Erzeugnisse	Import insgesamt	Chemische Erzeugnisse	Insgesamt	Chemische Erzeugnisse		Export insgesamt	Chemische Erzeugnisse	Export insgesamt	Chemische Erzeugnisse
		insgesamt	Anteil am Gesamt-Import %						insgesamt	Anteil am Gesamt-Export %				
	Mio. Kronen			Index 1953 = 100		Jährlicher Zuwachs %		Mio. Kronen			Index 1953 = 100		Jährlicher Zuwachs %	
1951	6.255,58	277,84	4,4	96,0	111,7	.	.	4.423,37	308,41	7,0	121,8	88,5	.	.
1952	6.233,51	236,20	3,8	95,7	94,9	— 0,3	— 5,0	4.038,74	325,32	8,1	111,2	93,4	— 8,7	5,5
1953	6.514,39	248,79	3,8	100,0	100,0	4,5	5,4	3.632,46	348,47	9,6	100,0	100,0	— 10,1	7,1
1954	7.277,25	304,70	4,2	111,7	122,5	11,7	22,5	4.167,38	406,60	9,8	114,7	116,7	14,7	16,7
1955	7.782,78	342,32	4,4	119,5	137,6	7,0	12,3	4.522,43	408,72	9,0	124,5	117,3	8,5	0,5
1956	8.653,28	383,75	4,4	132,8	154,3	11,1	12,1	5.517,00	433,47	7,9	151,9	124,4	22,0	6,1
1957	9.103,31	467,31	5,1	139,7	187,8	5,2	21,7	5.866,99	474,44	8,1	161,5	136,1	6,3	9,4
1958	9.359,48	485,25	5,2	143,7	195,1	2,9	3,9	5.314,57	471,24	8,9	146,3	135,2	— 9,4	— 0,7
1959	9.400,85	578,22	6,2	144,3	232,4	0,4	19,1	5.786,88	547,05	9,5	159,3	157,0	8,9	16,1
1960	10.446,28	686,13	6,6	160,4	275,8	11,2	18,7	6.291,09	552,32	8,8	173,2	158,5	8,7	1,0
1961	11.542,52	694,60	6,0	177,2	279,2	10,5	1,2	6.651,78	584,13	8,8	183,1	167,6	5,7	5,7
1962	11.816,26	781,71	6,6	181,4	314,2	2,4	12,5	6.948,98	582,12	8,4	191,3	167,1	4,5	— 0,3

Tabelle 5 (Fortsetzung)

Österreich

Jahr	Spezial-Import c. i. f.: Insgesamt	Spezial-Import: Chemische Erzeugnisse insgesamt	Spezial-Import: Chemische Erzeugnisse Anteil am Gesamt-Import %	Import insgesamt	Chemische Erzeugnisse	Import insgesamt	Chemische Erzeugnisse	Spezial-Export f. o. b.: Insgesamt	Spezial-Export: Chemische Erzeugnisse insgesamt	Spezial-Export: Chemische Erzeugnisse Anteil am Gesamt-Export %	Export insgesamt	Chemische Erzeugnisse	Export insgesamt	Chemische Erzeugnisse
	Mio. Schilling			Index 1953 = 100		Jährlicher Zuwachs %		Mio. Schilling			Index 1953 = 100		Jährlicher Zuwachs %	
1950	9.208,8	578,0	6,3	69,4	66,0	.	.	6.510,5	410,7	6,3	49,4	71,3	.	.
1951	14.027,1	940,7	6,7	105,7	107,4	52,3	62,7	9.634,7	452,3	4,7	73,1	78,5	48,0	10,1
1952	13.958,8	849,2	6,1	105,2	97,0	— 0,5	— 9,7	10.796,5	427,5	4,0	81,9	74,2	12,0	— 5,5
1953	13.268,5	875,8	6,6	100,0	100,0	— 4,9	3,1	13.187,5	576,2	4,4	100,0	100,0	22,1	34,8
1954	16.986,6	1.275,3	7,5	128,0	145,6	28,0	45,6	15.851,1	810,2	5,1	120,2	140,6	20,2	40,6
1955	23.068,2	1.481,2	6,4	173,9	169,1	35,9	16,1	18.169,2	782,6	4,3	137,8	135,8	14,6	— 3,4
1956	25.319,4	1.683,8	6,7	190,8	192,3	9,7	13,7	22.076,4	925,2	4,2	167,4	160,6	21,5	18,3
1957	29.338,7	1.991,6	6,8	221,1	227,4	15,9	18,3	25.441,9	1.073,5	4,2	192,9	186,3	15,2	16,0
1958	27.912,4	2.049,5	7,3	210,4	234,0	— 4,8	2,9	23.864,1	1.025,1	4,3	181,0	177,9	— 6,2	— 4,5
1959	29.759,5	2.475,7	8,3	224,3	282,7	6,6	20,8	25.160,9	991,8	3,9	190,8	172,1	5,4	— 3,3
1960	36.812,6	2.910,0	7,9	277,4	332,3	23,7	17,5	29.128,9	1.138,9	3,9	220,9	197,7	15,8	14,9
1961	38,604,1	3.002,0	7,8	290,9	342,8	4,9	3,2	31.261,9	756,9	2,4	237,1	131,4	7,3	—33,5
1962	40.348,2	3.178,5	7,9	304,1	362,9	4,5	5,9	32.850,6	998,8	3,0	249,1	173,3	5,1	31,9

Tabelle 5 (Fortsetzung)

Schweden

Jahr	General-Import c. i. f.							General-Export f. o. b.						
	Insgesamt	Chemische Erzeugnisse insgesamt	Chemische Erzeugnisse Anteil am Gesamt-Import	Import insgesamt	Chemische Erzeugnisse	Import insgesamt	Chemische Erzeugnisse	Insgesamt	Chemische Erzeugnisse insgesamt	Chemische Erzeugnisse Anteil am Gesamt-Export	Export insgesamt	Chemische Erzeugnisse	Export insgesamt	Chemische Erzeugnisse
	Mio. Kronen		%	Index 1953 = 100		Jährlicher Zuwachs %		Mio. Kronen		%	Index 1953 = 100		Jährlicher Zuwachs %	
1950	6.116,7	351,4	5,7	74,8	73,9	.	.	5.707,1	121,4	2,1	74,5	81,5	.	.
1951	9.198,0	528,3	5,7	112,5	111,1	50,4	50,3	9.207,3	178,3	1,9	120,2	119,7	61,3	46,9
1952	8.952,5	461,5	5,2	109,5	97,1	— 2,7	— 12,6	8.133,7	145,2	1,8	106,2	97,4	— 11,6	— 18,6
1953	8.172,4	475,4	5,8	100,0	100,0	— 8,7	3,0	7.658,3	149,0	1,9	100,0	100,0	— 5,8	2,7
1954	9.192,2	603,0	6,6	112,5	126,8	12,5	26,8	8.195,2	199,3	2,4	107,0	133,8	7,0	33,8
1955	10.337,2	659,3	6,4	126,5	138,7	12,4	9,4	8.932,0	235,0	2,6	116,6	157,7	9,0	17,9
1956	11.433,7	754,5	6,6	139,9	158,7	10,6	14,4	10.066,2	262,8	2,6	131,4	176,4	12,7	11,9
1957	12.567,1	812,1	6,5	153,8	170,8	9,9	7,6	11.061,5	260,5	2,4	144,4	174,8	9,9	— 0,9
1958	12.249,2	831,5	6,8	149,9	174,9	— 2,5	2,4	10.797,9	295,4	2,7	141,0	198,3	— 2,4	13,4
1959	12.487,6	948,2	7,6	152,8	199,5	1,9	14,1	11.423,3	344,2	3,0	149,2	231,0	5,8	16,5
1960	15.006,4	1.145,5	7,6	183,6	241,0	20,2	20,8	13.272,8	384,3	2,9	173,3	257,9	16,2	11,6
1961	15.151,1	1.151,6	7,6	185,4	242,2	1,0	0,5	14.198,0	412,7	2,9	185,4	277,0	7,0	7,4
1962	16.118,7	1.238,4	7,7	197,2	260,5	6,4	7,6	15.126,9	458,5	3,0	197,5	307,7	6,5	11,1

Tabelle 5 (Fortsetzung)

Westdeutschland

Jahr	Spezial-Import c. i. f.							Spezial-Export f. o. b.						
	Insgesamt	Chemische Erzeugnisse		Import insgesamt	Chemische Erzeug-nisse	Import insgesamt	Chemische Erzeug-nisse	Insgesamt	Erzeugnisse insgesamt		Export insgesamt	Chemische Erzeug-nisse	Export insgesamt	Chemische Erzeug-nisse
		Insgesamt	Anteil am Gesamt-Import %						insgesamt	Anteil am Gesamt-Export %				
	Mio. US Dollar			Index 1953 = 100		Jährlicher Zuwachs %		Mio. US Dollar			Index 1953 = 100		Jährlicher Zuwachs %	
1951[1]	3.490,2	77,6	2,2	92,6	81,5	.	.	3.470,5	424,2	12,2	79,1	88,9	.	.
1952	3.814,1	88,4	2,3	101,1	92,9	9,2	14,0	4.001,6	358,9	9,0	91,2	75,2	15,3	−15,4
1953	3.771,0	95,2	2,5	100,0	100,0	−1,1	7,6	4.389,1	477,2	10,9	100,0	100,0	9,6	33,0
1954	4.570,8	145,3	3,2	121,2	152,6	21,2	52,6	5.247,6	604,9	11,5	119,6	126,8	19,6	26,8
1955	5.793,4	176,9	3,1	153,6	185,8	26,7	21,8	6.134,7	680,4	11,1	139,8	142,6	16,9	12,5
1956	6.616,5	187,2	2,8	175,5	196,6	14,3	5,8	7.357,7	777,7	10,6	167,6	163,0	19,9	14,3
1957	7.499,0	227,4	3,0	198,9	238,9	13,3	21,5	8.574,7	902,6	10,5	195,4	189,1	16,6	16,0
1958	7.360,8	272,2	3,7	195,2	285,9	−1,9	19,7	8.807,3	940,4	10,7	200,7	197,1	2,7	4,2
1959	8.477,3	334,7	3,9	224,8	351,6	15,2	23,0	9.804,3	1.104,8	11,3	223,4	231,5	11,3	17,5
1960	10.104,1	456,7	4,5	267,9	479,7	19,2	36,4	11.415,3	1.260,1	11,0	260,1	264,1	16,4	14,1
1961	10.940,9	449,7	4,1	290,1	472,4	8,3	−1,5	12.687,2	1.383,7	10,9	289,1	290,0	11,1	9,8
1962	12.279,5	487,4	4,0	325,6	512,0	12,2	8,4	13.263,6	1.444,6	10,9	302,2	302,7	4,5	4,4
1963[2]	13.113,9	560,8	4,3	347,8	589,1	6,8	15,1	14.627,2	1.643,7	11,2	333,3	344,4	10,3	13,8

[1] Umrechnung von DM auf Dollar wie 1952 (Import 23,785; Export 23,878 DM für 100 Dollar)

[2] Quelle: Statistisches Jahrbuch für die Bundesrepublik Deutschland 1964, S. 324/25, DM umgerechnet nach Kurs für 1963 = 3,9864 für 1 US Dollar

Tabelle 5 (Fortsetzung)

USA

Jahr	Spezial-Import c. i. f.							National-Export f. o. b.						
	Insgesamt	Chemische Erzeugnisse		Import insgesamt	Chemische Erzeug-nisse	Import insgesamt	Chemische Erzeug-nisse	Insgesamt	Chemische Erzeugnisse		Export insgesamt	Chemische Erzeug-nisse	Export insgesamt	Chemische Erzeug-nisse
		insgesamt	Anteil am Gesamt-Import %						insgesamt	Anteil am Gesamt-Export %				
	Mio. US Dollar			Index 1953 = 100		Jährlicher Zuwachs %		Mio. US Dollar			Index 1953 = 100		Jährlicher Zuwachs %	
1950	8.734,5	197,9	2,3	81,0	52,1	.	.	10.142,5	713,0	7,0	64,9	85,2	.	.
1951	10.813,0	338,9	3,1	100,3	89,2	23,8	71,2	14.867,6	981,5	6,6	95,1	117,3	46,5	37,7
1952	10.744,6	325,7	3,0	99,7	85,7	–0,6	–3,9	15.025,7	822,5	5,5	96,2	98,3	1,2	–16,2
1953	10.777,4	380,1	3,5	100,0	100,0	0,3	16,7	15.625,8	836,9	5,4	100,0	100,0	4,0	1,7
1954	10.232,2	313,1	3,1	94,9	82,4	–5,1	–17,6	14.948,1	1.031,4	6,9	95,7	123,2	–4,3	23,2
1955	11.334,0	346,6	3,1	105,2	91,2	10,9	10,7	15.389,7	1.120,7	7,3	98,5	133,9	2,9	8,7
1956	12.490,2	373,8	3,0	115,9	98,3	10,2	7,8	18.837,9	1.272,8	6,8	120,6	152,1	22,4	13,6
1957	12.921,0	391,1	3,0	119,9	102,9	3,5	4,7	20.630,5	1.420,1	6,9	132,0	169,7	9,5	11,6
1958	12.734,5	370,5	2,9	118,2	97,5	–1,4	–5,2	17.693,5	1.382,5	7,8	113,2	165,2	–14,2	–2,7
1959	14.987,1	448,2	3,0	139,1	117,9	17,7	20,9	17.383,0	1.517,0	8,7	111,2	181,3	–1,8	9,7
1960	15.015,5	451,5	3,0	139,3	118,8	0,1	0,8	20.307,8	1.748,4	8,6	130,0	208,9	16,9	15,2
1961	14.633,4	455,1	3,1	135,8	119,7	–2,5	0,8	20.628,5	1.772,2	8,6	132,0	211,8	1,5	1,4
1962	16.248,4	512,1	3,2	150,8	134,7	11,0	12,5	21.359,1	1.865,5	8,7	136,7	222,9	3,6	5,2

Tabelle 5 (Fortsetzung)

Kanada

Jahr	Spezial-Import c. i. f.							Spezial-Export f. o. b.						
	Insgesamt	Chemische Erzeugnisse		Import insgesamt	Chemische Erzeugnisse	Import insgesamt	Chemische Erzeugnisse	Insgesamt	Chemische Erzeugnisse		Export insgesamt	Chemische Erzeugnisse	Export insgesamt	Chemische Erzeugnisse
		insgesamt	Anteil am Gesamt-Import %						insgesamt	Anteil am Gesamt-Export %				
	Mio. kan. Dollar			Index 1953 = 100		Jährlicher Zuwachs %		Mio. kan. Dollar			Index 1953 = 100		Jährlicher Zuwachs %	
1950	3.174,1	169,2	5,3	72,4	71,4	.	.	3.156,9	118,9	3,8	75,7	69,3	.	.
1951	4.084,5	205,9	5,0	93,2	86,9	28,7	21,7	3.963,1	157,7	4,0	95,0	92,0	25,5	32,8
1952	4.028,1	198,6	4,9	91,9	83,8	–1,4	–3,6	4.355,7	146,5	3,4	104,4	85,4	9,9	–7,2
1953	4.382,7	236,9	5,4	100,0	100,0	8,8	19,3	4.172,6	171,5	4,1	100,0	100,0	–4,2	17,1
1954	4.093,1	231,8	5,7	93,4	97,8	–6,6	–2,2	3.946,9	193,7	4,9	94,6	112,9	–5,4	12,9
1955	4.711,6	272,8	5,8	107,5	115,2	15,1	17,8	4.351,3	242,4	5,6	104,3	141,3	10,3	25,2
1956	5.705,3	298,2	5,2	130,2	125,9	21,1	9,3	4.863,1	266,3	5,5	116,5	155,3	11,7	9,9
1957	5.622,7	301,7	5,4	128,3	127,4	–1,5	1,2	4.934,4	234,2	4,7	118,3	136,6	1,5	–12,0
1958	5.192,0	292,9	5,6	118,5	123,6	–7,6	–3,0	4.928,4	225,1	4,6	118,1	131,3	–0,2	–3,9
1959	5.653,7	321,3	5,7	129,0	135,6	8,9	9,7	5.179,6	232,9	4,5	124,1	135,8	5,1	3,4
1960	5.492,3	327,9	6,0	125,3	138,4	–2,9	2,1	5.395,3	183,3	3,4	129,3	106,9	4,2	–21,3
1961	5.771,0	358,4	6,2	131,7	151,3	5,1	9,3	5.895,7	185,3	3,1	141,3	108,0	9,3	1,0
1962	6.257,8	382,7	6,1	142,8	161,5	8,4	6,7	6.347,8	215,1	3,4	152,1	125,4	7,6	16,1

Tabelle 5 (Fortsetzung)

Japan

Jahr	General--Import c. i. f.							National-Export f. o. b.						
	Insgesamt	Chemische Erzeugnisse		Import insgesamt	Chemische Erzeugnisse	Import insgesamt	Chemische Erzeugnisse	Insgesamt	Chemische Erzeugnisse		Export insgesamt	Chemische Erzeugnisse	Export insgesamt	Chemische Erzeugnisse
		insgesamt	Anteil am Gesamt-Import %						insgesamt	Anteil am Gesamt-Export %				
	Mil. US Dollar			Index 1953 = 100		Jährlicher Zuwachs %		Mio. US Dollar			Index 1953 = 100		Jährlicher Zuwachs %	
1951	2.048,06	36,85	1,8	85,0	53,3	.	.	1.348,16	36,78	2,7	106,7	59,1	.	.
1952	2.027,61	44,26	2,2	84,2	64,0	−0,9	20,1	1.252,42	39,87	3,2	99,1	64,0	−7,1	8,3
1953	2.408,11	69,17	2,9	100,0	100,0	18,8	56,3	1.263,62	62,28	4,9	100,0	100,0	0,9	56,3
1954	2.397,15	63,86	2,7	99,5	92,3	−0,5	−7,7	1.625,95	78,91	4,9	128,7	126,7	28,7	26,7
1955	2.469,75	80,21	3,2	102,6	116,0	3,1	25,7	2.003,67	93,76	4,7	158,6	150,5	23,2	18,8
1956	3.227,73	163,38	5,1	134,0	236,2	30,6	203,6	2.492,65	106,68	4,3	197,3	171,3	24,4	13,8
1957	4.279,79	183,40	4,3	177,7	265,1	32,6	12,2	2.849,29	125,96	4,4	225,5	202,2	14,3	18,0
1958	3.029,74	166,27	5,5	125,8	240,4	−29,2	−9,3	2.865,80	137,79	4,8	226,8	221,2	0,6	9,4
1959	3.594,55	220,94	6,1	149,3	319,4	18,7	32,9	3.445,62	166,60	4,8	272,7	267,5	20,2	20,9
1960	4.484,88	265,22	5,9	186,2	383,4	24,7	20,0	4.040,10	169,24	4,2	319,7	271,7	17,2	1,6
1961	5.799,25	336,01	5,8	240,8	485,8	29,3	26,7	4.213,69	188,70	4 5	333,5	303,0	4,3	11,5
1962	5.636,97	300,50	5,3	234,1	434,4	−2,8	−10,6	4.916,55	261,96	5,3	389,1	420,6	16,7	38,8

Tabelle 6

Export von Kunststoffen 1950—1962; in 1000 t

Jahr	Belgien	Frankreich	Groß-britannien	Italien	Niederlande	Norwegen	Schweden	West-deutschland	USA
1950	3,0	3,9	44,0	1,6*	5,6	0,1	3,1	10,7	67,8
1951	5,3	7,9	62,6	2,5*	6,2	0,1	3,6	26,2	81,4
1952	4,1	5,0	49,3	3,3	4,8	0,1	3,7	23,4	70,5
1953	6,5	7,7	66,6	7,1	9,0	0,7	4,5	38,9	83,2
1954	10,4	13,2	81,2	19,5	14,0	2,7	6,2	59,5	109,3
1955	8,0	15,3	95,0	29,8	16,9	2,5	8,1	86,3	143,3
1956	9,8	17,2	109,3	34,5	21,8	2,3	10,8	108,5	191,2
1957	11,0	22,3	124,7	34,0	27,6	2,6	14,0	142,6	232,5
1958	11,1	29,9	135,4	42,3	33,9	3,5	17,6	193,6	263,9
1959	12,9	48,2	171,9	59,8	41,7	12,7	27,9	224,8	327,7
1960	17,5	71,0	187,8	99,7	47,5	16,3	34,3	276,4	373,9
1961	19,9	78,2	220,6	134,3	65,4	21,8	37,1	390,6	400,5
1962	30,0	100,0	250,6	190,0	87,9	25,2	45,9	455,1	418,1

* Geschätzt.

[1] Kunststoffe ohne Textilfasern und synthetischen Kautschuk.

Quelle: Statistical Bulletins, Industrial Statistics 1900—1962, OECD, Paris 1964, S. 155, 157.

Tabelle 7

Anteil des Exports an der Gesamtproduktion von Kunststoffen[1] 1952—1962; in Prozent

Jahr	Belgien	Frankreich	Groß-britanien	Italien	Niederlande	Norwegen	Schweden	West-deutschland	USA
1950	60,0	11,7	27,9	7,0	49,1	11,1	21,4	12,7	.
1951	88,3	17,6	31,6	8,0	49,6	.	.	20,2	.
1952	51,3	11,9	27,0	8,6	34,3	.	.	14,6	.
1953	60,2	14,7	31,2	13,8	57,0	15,9	21,5	18,8	.
1954	73,8	15,6	30,5	25,4	64,8	38,0	22,3	20,9	8,1
1955	48,2	15,0	30,7	30,9	65,0	27,8	25,7	23,9	8,1
1966	54,1	13,2	32,7	29,6	62,6	23,7	30,2	24,8	10,2
1957	47,8	12,2	32,7	25,3	61,3	17,9	32,9	26,6	11,9
1958	41,0	12,9	32,7	25,2	67,7	17,9	36,3	31,9	12,6
1959	38,5	17,8	34,6	27,2	63,4	56,2	49,7	28,9	12,0
1960	44,3	20,4	32,0	33,6	62,5	58,6	55,8	28,7	13,1
1961	42,7	21,3	36,9	33,1	69,1	65,5	54,3	37,0	13,7
1962	45,1	22,7	36,5	36,0	77,2	68,3	61,6	37,0	12,5

[1] Kunststoffe ohne Textilfasern und synthetischen Kautschuk.

Berechnet nach Statistical Bulletins, Industrial statistics 1900—1962, OECD, Paris 1964, S. 155, 157.

Ihre Ausdehnung vollzieht sich auch noch auf anderen — oftmals vor den Augen der Öffentlichkeit verborgenen — Wegen. Der Begriff „Staatsfinanzen" darf heute nicht zu eng gefaßt werden.

Man kann darüber diskutieren, inwieweit die umfangreichen Kapitalanlagen in den Staatsbetrieben, von den großen Staatskonzernen, der Bundesbahn und der Bundespost, bis zu den kommunalen Betrieben hier erfaßt werden müßten. Wie müssen die staatlichen Beteiligungen, der staatliche Wertpapierbesitz, Besitz an Grund und Boden u. ä. berücksichtigt und vor allem bewertet werden? Der gewichtige Block des Kapitals der staatlichen und auch halbstaatlichen Banken muß ebenfalls bei der Erfassung des Umfanges der Staatsfinanzen Berücksichtigung finden. Teilweise arbeiten diese Banken, wie z. B. das Sparkassensystem, Hypothekenbanken und Grundkreditanstalten oder die öffentlichen Bausparkassen ähnlich wie „private" Bankenmonopole. Weiter gibt es Banken oder Finanzorganisationen — besonders auch im internationalen Rahmen — die spezielle Gründungen des Staates darstellen, direkte Instrumente des staatsmonopolistischen Kapitalismus sind, um bestimmten Aufgaben zu dienen (z. B. die „Kreditanstalt für Wiederaufbau" oder internationale Fonds. Unter den „Kreditinstituten mit Sonderaufgaben" finden sich weitere ähnliche Institutionen, die teilweise gemeinsam vom Staat und den Großbanken gegründet wurden. Ganz besonders ist hier natürlich das Bundesbanksystem zu erwähnen, ohne dessen Berücksichtigung die ganze Funktionsweise des heutigen Geld-, Kredit- und Finanzsystems überhaupt nicht zu verstehen ist.

Wir wollen damit diese Bemerkungen — wir könnten diese Aufzählung weiter fortsetzen — abschließen. Auch von manchem anderen Standpunkt, z. B. vom Standpunkt ihrer tatsächlichen jeweiligen ökonomischen Rolle, müßte der Umfang der Staatsfinanzen beleuchtet werden (z. B. vom Standpunkt des Unterschiedes zwischen den Haushalts*plänen* und den tatsächlich fungierenden Staatsfinanzen, diesen Plänen und der kassenmäßigen Bewegung der Staatsfinanzen, den Staatsausgaben lt. Haushaltsplan und der in Wirklichkeit sich vollziehenden Verdoppelung — oder Vervielfachung — dieser Mittel durch den Unterschied zwischen ihrer Vereinnahmung und Verausgabung, ihrer tatsächlichen Verausgabung und ihrer Anlage im Banksystem und der Ausleihe durch dieses u. a.). Wir würden aber unsere Darlegungen mit solchen, für die Beurteilung der *ökonomischen* Rolle der Staatsfinanzen allerdings sehr wichtigen Spezialuntersuchungen unnötig komplizieren.

Auf eine Reihe anderer wichtiger Probleme in diesem Zusammenhang, die theoretisch noch längst nicht klargestellt sind, muß jedoch noch hingewiesen werden. Die Tatsache, daß sich die Ausdehnung der Staatsfinanzen (volumen- und institutionsmäßig) nicht mehr nur über die direkten Haushalte vollzieht, ist auch deshalb eine charakteristische staatmonopolistische Erscheinung, weil sie sich u. a. aus den Erfordernissen der staatsmonopolistischen Regulierung ergibt. Wenn z. B. der imperialistische Staat immer mehr *ökonomische Funktionen* übernehmen muß, so ist es oftmals im Interesse der Finanzoligarchie zweckmäßiger, besondere Institutionen und Fonds zu schaffen, die diesem Zweck besser angepaßt sind, diese Funktionen „ökonomischer" erfüllen können als das „bürokratische" Haushaltssystem, welches trotz seiner großen Bedeutung für die erweiterte Reproduktion im Grunde genommen in seinem ganzen Gebahren noch auf alten „klassischen" Haushaltsvorstellungen beruht. Ebenso hat dies auch wesentlich politische Gründe: Bei dem gegenwärtig vorhandenen

Bemühen, wenigstens nach außen die Spielregeln der formalen bürgerlichen Demokratie beizubehalten, ist es oftmals für die Finanzoligarchie sehr wichtig, verborgen vor den Augen der Öffentlichkeit, unabhängig vom parlamentarischen und gesetzgeberischen Apparat und von „wechselnden Regierungsmehrheiten", über Staatsfinanzen zu verfügen und diese für spezielle Zwecke einsetzen zu können. Hinter all dem — wir könnten die Skala der Gründe für diese Erscheinung noch erweitern — zeigt sich die allgemeine Notwendigkeit, ständig neue staatliche Mittel, staatliches Kapital, in immer breiterem Maße *im Reproduktionsprozeß* einzusetzen und dafür neue Quellen und Möglichkeiten zu erschließen. In diesem Zusammenhang sind schon eine Reihe von eigenartigen, neuen Gebilden entstanden — und werden sicher weiter entstehen —, die eine ganz neue Art von staatlichem Finanzierungsmechanismus darstellen und zu neuen Erscheinungen in den Zusammenhängen des Geld-, Kredit- und Finanzsystems führen. Dies betrifft z. B. die Schaffung von speziellen Finanzierungsfonds, die sich ständig erneuern, wie z. B. das ERP-Sondervermögen u. a., oder die Gründung einer solchen Finanzierungsgesellschaft wie die „Deutsche Gesellschaft für wirtschaftliche Zusammenarbeit (Entwicklungsgesellschaft) m.b.H." mit staatlichem Kapital (die 75 Mill. DM Stammkapital stammen aus den Haushalten), deren Tätigkeit sowohl mit der staatlichen „Kreditanstalt für Wiederaufbau" als auch mit dem Staatshaushalt, in dem Mittel für die „Entwicklungshilfe" bereitgestellt werden, gekoppelt ist.

Im gesamten Außenhandel spielt das staatliche Finanzierungssystem eine große Rolle. Das bezieht sich nicht nur darauf, daß Institutionen, wie z. B. die Ausfuhrkredit AG und die Hermes-Kreditversicherungs-AG, mit staatlichem Kapital entstanden sind. Das ganze staatsmonopolistische System der staatlichen Finanzierung und Kreditierung, der Versicherung und der Bürgschaftsübernahme beeinflußt direkt und indirekt in entscheidendem Maße den Profit. Gerade hier wird sehr deutlich sichtbar, wie die tatsächliche ökonomische Rolle der Staatsfinanzen keinesfalls nur in absoluten Zahlen erfaßt werden kann.

Letztlich betrifft diese ganze Entwicklung das Gesamtfunktionieren des heutigen Geld- und Kreditsystems, was sich z. B. in den Zusammenhängen zwischen den Haushalten, dem staatlichen Zentralbanksystem und den internationalen staatlichen Institutionen und Fonds des Zahlungsverkehrs und der Finanzierung zeigt. Diese Entwicklung führte und führt in zunehmendem Maße zum Einsatz von staatlichen Finanzen und zur Gründung von staatlichen Institutionen und Fonds, ohne die das Funktionieren des heutigen Geld- und Kreditsystems (national und international) überhaupt nicht denkbar wäre. Es ist nicht unsere Aufgabe, diese Seite der Problematik zu untersuchen — auf einige dieser Fragen werden wir zurückkommen. Wir wollten nur darauf hinweisen, daß mit dem notwendigen *Fungieren* der Staatsfinanzen im *Reproduktionsprozeß* zwangsläufig auch neue Formen und Methoden ihres Einsatzes entstehen. Alle spiegeln sich irgendwie in den Haushalten wider. Aber diese Widerspiegelung gibt noch keinesfalls Aufschluß über die tatsächliche Rolle dieser staatlichen Mittel, über ihren wirklichen Umfang und ihre Funktionen.

Wir haben hier die ganze Tendenz der Ausdehnung der Staatsfinanzen über das eigentliche Haushaltsvolumen hinaus auch deshalb angedeutet, damit bei den folgenden Untersuchungen, die sich vor allem mit dem Bundeshaushalt beschäftigen werden, nicht der Eindruck entsteht, daß wir damit den Gesamtumfang und die Rolle der Staatsfinanzen im Reproduktionsprozeß erfassen können. Bei den weiteren Untersuchungen geht es vielmehr darum, *am Beispiel* vor allem des Bundeshaushaltes ökonomische Potenzen der Rolle der Staatsfinanzen im Reproduktionsprozeß zu analysieren.

Nach diesen notwendigen Bemerkungen wollen wir mit der Aufzählung dessen, was zum eigentlichen Haushaltssystem in Westdeutschland gehört — dessen Volumen, wie wir sahen, nicht mit dem Umfang der tatsächlich fungierenden Staatsfinanzen identisch ist — fortfahren.

Unmittelbar zum westdeutschen Haushaltssystem gehören, meist als „Nebenfiskus" bezeichnet, die Milliardenfonds der staatlichen Versicherungen, die Sozial- und Arbeitslosenversicherung. Dies nicht nur, weil sie staatliche Institutionen sind, sondern vor allem deshalb, weil ihre „Mittelbeschaffung" stark an die Finanzierung der Staatshaushalte selbst erinnert, besonders an die Finanzierung mit Hilfe der Besteuerung: Ihre Beiträge sind Pflichtbeiträge, die ähnlich wie die Steuern kraft staatlicher Gewalt eingetrieben werden.

Wenn wir von Milliardenfonds sprechen, die im Verlaufe der Nachkriegsentwicklung erheblich an Umfang zugenommen haben, so heißt dies z. B., daß bei der Betrachtung der Auswirkungen der Staatsfinanzen auf die Einkommensumverteilung keinesfalls nur die Besteuerung zu beachten ist.

Die „Pflichtversicherungsbeiträge" haben, besonders bei den gegenwärtig steigenden Nominallöhnen, vor allem auf das Einkommen der Arbeiterklasse erhebliche Auswirkungen.

Das Besondere dieser Riesenfonds in unserem Zusammenhang besteht jedoch darin, daß sie keinesfalls nur „Versicherungszwecken" dienen. Sie spielen vielmehr als „staatliche Kapitalsammelbecken" auch eine bedeutende Rolle bei der Finanzierung der erweiterten Reproduktion, besonders bei der Finanzierung des Bankensystems, bei der Gewährung von Darlehen und im Wertpapiergeschäft.

In diesem Sinne sind sie staatsmonopolistische Instrumente zur Finanzierung der erweiterten Reproduktion. Sie dienen z. B. auch dazu, langfristiges und mehr oder weniger staatlich garantiertes Kapital zu mobilisieren, was bei der steigenden organischen Zusammensetzung des Kapitals und der damit verbundenen Zunahme des Risikos der Kapitalanlage sehr wichtig, aber auch sehr schwierig ist. Die öffentlichen Versicherungen sind hierfür unter den gegebenen Bedingungen besonders geeignet.

Es geht also hier nicht nur darum, daß sie als „Nebenfiskus" den Haushalten zugezählt werden müssen, sondern vor allem darum, daß sie wichtige Instrumente der staatsmonopolistischen Kapitalmobilisierung sind. Die ganze westdeutsche Diskussion um die staatsmonopolistische Konjunkturpolitik, wie sie heute besonders unter der Losung der „Stabilerhaltung des Geldwertes" geführt wird, zeigt, daß der Rolle der Versicherungen dabei große Bedeutung beigemessen wird. Aus denselben Gründen wird auch versucht, alle sozialen Probleme wie z. B. heute das Ringen um die Fragen des sogenannten Sozialpaketes, deren Lösung diese Versicherungen eigentlich dienen sollten, unter dem Gesichtspunkt der Rolle dieser Versicherungen als staatsmonopolistische Regulierungs- und Kapitalmobilisierungsinstrumente zu behandeln. Auch darin kommt zum Ausdruck, daß unter den heutigen Bedingungen versucht wird, alle öffentlichen Aufgaben, einschl. der sozialen staatlichen Aufgaben, den Zielen und Bedürfnissen der Kapitalverwertung unterzuordnen.

Wenn heute Gewerkschaftsführer darauf verweisen, daß man diese staatlichen Versicherungen, die ja letzten Endes auch Errungenschaften des Kampfes der

Arbeiterklasse darstellen, stärken muß, so bedarf es unter den heutigen staatsmonopolistischen Verhältnissen einer Präzisierung dieser Aufgabenstellung. Bei ihrer gegenwärtigen Rolle im staatsmonopolistischen System muß historisch neu geklärt werden, welche Stellung die Arbeiterbewegung ihnen gegenüber beziehen muß und welche Aufgaben zu lösen sind, um sie wirklich zu Instrumenten der Arbeiterklasse zu machen.

Speziell in Westdeutschland gehören weiter die sogenannten Nebenhaushalte zum Haushaltssystem: der Lastenausgleichsfonds und das ERP-Sondervermögen. Das Entstehen von Nebenhaushalten entspricht der bereits beschriebenen Tendenz, die Staatsfinanzen über die eigentlichen Haushalte hinaus auszudehnen.

Nach der Abhandlung dieser Zuordnungsprobleme ist es notwendig, eine Reihe von Zahlen über das Volumen der Haushalte und sein Wachstum anzuführen.

Dazu zunächst einige Vergleiche mit früheren Perioden der Entwicklung des deutschen Imperialismus (wir werden diese früheren Perioden mit dem Jahre 1958 vergleichen, weil wir die folgenden Jahre anschließend spezieller untersuchen wollen).

Die Gesamtausgaben der „Gebietskörperschaften" (Reich bzw. Bund, Länder, Gemeinden, Sozialversicherung, Lastenausgleich) betrugen

1926 = 20 Md. RM
1958 = 95 Md. DM.

Dies bedeutet eine Ausgabensteigerung dieser Haushalte um 375%. Berücksichtigt man die Geldentwertung und das verkleinerte Gebiet des deutschen Imperialismus, so ist dies immer noch eine Steigerung um 280%.[2]

Pro Kopf der Bevölkerung betrugen die „öffentlichen Ausgaben"

1913 = 108 Mark
1928 = 333 RM
1956 = über 1000 DM.[3]

Die Gesamtausgaben der „Gebietskörperschaften" hatten am sogenannten Nettosozialprodukt (zu Marktpreisen) einen Anteil von:

1926 = 30%
1958 = 45%.[4]

Dies bedeutet, daß von einem „Nettosozialprodukt" von 100 1926 30 und 1958 bereits 45 staatlich ausgegeben wurden.

Wir wollen es bei diesen wenigen Angaben bewenden lassen, obwohl solche Vergleiche immer sehr effektvoll sind (aus den verschiedensten Gründen findet man sie auch in der westdeutschen Literatur in großer Zahl — oftmals, um bestimmte Interessen plastisch zu propagieren).

Allgemein erscheint in diesen Vergleichen natürlich der tiefe Wandel, der sich im Kapitalismus vollzogen hat, es erscheint z. B. die Entwicklung zu einem staatsmonopolistischen System. Aber gerade darin liegt auch die große Schwäche solcher Vergleiche. Wenn heute der Kapitalismus u. a. nur noch kraft der ökonomischen Funktionen der Staatsfinanzen existieren und funktionieren kann,

[2] W. Ehrlicher, Die deutsche Finanzpolitik seit 1924, Institut Finanzen und Steuern, Heft 65, S. 14.

[3] Institut Finanzen und Steuern, Bonn, „Grüner Brief", Nr. 29, S. 2.

[4] Ehrlicher, a. a. O.

so haben eben z. B. die Staatsausgaben heute eine andere Bedeutung und in manchem andere Funktionen, als sie früher hatten. Staatsausgaben aus den verschiedenen Perioden der Entwicklung sind vom Standpunkt ihrer Funktionen in vielem nur dem Namen nach identisch. Für die marxistische Ökonomie ist es deshalb auch wichtiger, statt solche in ihrem Ergebnis oft verblüffende Vergleiche anzustellen, die eigentlichen Funktionen der Staatsfinanzen im heutigen kapitalistischen System herauszuarbeiten.

Diese Funktionen erscheinen schon deutlicher, wenn wir einige Zahlen und Entwicklungen in Westdeutschland im letzten Jahrzehnt betrachten.

Um einen Überblick über den Anteil der direkten Haushaltsmittel am gesellschaftlichen Produkt zu geben, sollen einige Verhältnisse in der sogenannten Sozialprodukt-Berechnung betrachtet werden. Obwohl diese Berechnung natürlich völlig nach den Vorstellungen der apologetischen Theorie aufgebaut ist und nur einen sehr globalen Überblick gibt, kann sie doch einige für uns wichtige allgemeine Verhältnisse in der ganzen Gesellschaft beleuchten. Die Berechnung zerfällt in zwei Teile: ,,Bildung" und ,,Verwendung" des Sozialprodukts. Nach diesen Berechnungen ist der Staat an der ,,Bildung" wie folgt beteiligt:

Beiträge des Staates zum Nettoinlandsprodukt zu Faktorkosten[5]
(Bund, Länder, Gemeinden, Lastenausgleich, Sozialversicherung)

Jahr	absolut in Md. DM	Veränderungen gg. Vorjahr in v. H.	Anteil am gesamten Nettoinlandsprodukt in v. H.
1959	17,07	4,—	8,9
1960	19,40	13,6	8,8
1961	22,12	14,—	9,1

Da in dieser Berechnung die sogenannte Wertschöpfung erfaßt ist und nach der apologetischen Theorie die Staatsangestellten Wert schöpfen, sind diese Zahlen fast (zu 96%) identisch mit der vom Staat gezahlten Lohn- und Gehaltssumme (d. h. der nach der Haushaltsrechnung, also z. B. ohne die Löhne und Gehälter, die die Staatsbetriebe zahlen).

Wir führen diese Zahlen nicht nur wegen ihres großen Umfanges an, nicht nur, weil sie enthüllen, in welchem Maße allein durch die staatlichen Lohn- und Gehaltszahlungen Nachfrage entsteht (durch die im wesentlichen kein unmittelbares Produkt entsteht, da diese Summen natürlich keine ,,Wertschöpfung" bedeuten, sondern im wesentlichen unproduktiv verausgabt werden und in ihrem Kern einem Abzug vom Neuwert durch staatliche Umverteilung darstellen). Wir führen diese Zahlen vor allem deshalb an, weil die z. B. 1961 verausgabten rd. 22 Md. DM (ihr Wachstum vollzog sich übrigens schneller als das Wachstum des gesamten Sozialproduktes) zeigen, daß Ausbreitung des staatsmonopolistischen Kapitalismus auch bedeutet, daß der bürokratische, über dem Volke stehende staatliche Apparat wächst.

Übernahme ökonomischer Funktionen im Kapitalverwertungsprozeß durch den Staat bedeutet, daß das Heer der Staatsangestellten, die staatliche Bürokratie, zunimmt (wobei zu beachten ist, daß ein erheblicher Teil dieser Ausgaben durch das Militär verschlungen wird), die Bürokratie (natürlich ist dies nicht

[5] Nach: K. Littmann, Die staatliche Tätigkeit in der Bundesrepublik Deutschland während der Jahre 1961 und 1962. In: Finanzarchiv, Band 23, Heft 2/1964, S. 343.

in absolutem Sinne gemeint) jetzt in den Vollzug der Kapitalverwertungsfunktionen einbezogen ist. Die Konsequenz daraus ist, daß sich in der modernen kapitalistischen Produktion nicht mehr nur Kapitalisten oder die Finanzoligarchie mit ihren Managern und das Heer der Arbeiter und Angestellten gegenüberstehen. Heute fungiert auch ein erheblicher Teil der Angestellten des politischen Machtapparates in diesem Prozeß — aber eben als Staatsangestellte, mit der entsprechenden staatlichen Macht ausgestattet. Hieraus ergeben sich verschiedene Schlußfolgerungen. Z. B. zeigt sich hierin um ein weiteres die Überflüssigkeit der Kapitalisten für die gesellschaftliche Produktion und dazu die Tatsache, daß die heutige Produktion ihre gesellschaftliche Organisierung verlangt, die sich notwendigerweise schon im staatsmonopolistischen Kapitalismus entwickeln muß. Soweit die Funktionen dieser „Beamten" den bloßen Verwertungsbedürfnissen des Monopolkapitals dienen, zeigt sich, daß auch der Teil des unproduktiven Apparates der heutigen Produktion, der bloße Funktionen der Kapitalverwertung vollzieht, zunimmt und, da es sich um Staatsangestellte handelt, die ganze Gesellschaft die Kosten dafür tragen muß.

Einen weiteren Einblick in den Umfang der Rolle der Haushaltsmittel erhalten wir bei Betrachtung ihres Anteiles an der „Verwendung des Sozialproduktes". Hier ist der sogenannte Staatsverbrauch erfaßt (Käufe an Waren und Dienstleistungen und staatliche Investitionen).

Anteil des Staates an der Verwendung des Sozialproduktes[6]
(Bund, Länder, Gemeinden, Lastenausgleich, Sozialversicherung) (in Md. DM)

	1959	1960	1961	1962
Staatsverbrauch	33,6	38,4	43,7	49,9
davon: für soziale Zwecke	25,9	29,3	32,4	34,9
für Rüstung	7,8	9,2	11,4	15,—
Staatliche Investitionen	7,9	9,4	10,3	—
Anteil der staatl. Käufe von Waren und Dienstleistungen am BSP (in v. H.)	16,8	16,9	17,4	—

Wichtig ist hier nicht nur der allgemein große Umfang der Staatskäufe, sondern auch das schnelle Wachstum ihres Volumens innerhalb der wenigen hier betrachteten Jahre, was sich auch im Wachstum des Anteils dieser Käufe am „Bruttosozialprodukt" ausdrückt. Obwohl die Rüstungskäufe in diesen Jahren besonders schnell gewachsen sind (Verdoppelung), haben auch die zivilen Käufe beträchtlich zugenommen. So charakteristisch das Ansteigen der Rüstungskäufe ist, ist jedoch das Wachstum des Gesamtvolumens keinesfalls nur ihnen geschuldet. Darin kommt auch zum Ausdruck, daß bei aller Bedeutung, die man heute der Rüstungsbelastung zumessen muß, nie vergessen werden darf, daß die Staatsfinanzen gegenwärtig zur Erhaltung des Gesamtsystems des Imperialismus eingesetzt werden müssen. Der Bonner Haushalt ist eben z. B. nicht nur, wie es manchmal in unserer Literatur formuliert wird, ein Rüstungshaushalt.

Dieser hohe Anteil und das Wachstum des „staatlichen Charakters" der erweiterten Reproduktion, wie er in diesen wenigen Vergleichen zum Ausdruck kommt, sind zwei der charakteristischen Folgen, die unabdingbar den staats-

[6] Ebenda, S. 344.

monopolistischen Kapitalismus erfordern. Das beträchtliche Wachstum des Volumens dieser staatlichen Käufe drückt sich selbst bei den noch relativ hohen allgemeinen Wachstumsraten in der Volkswirtschaft auch in diesen Jahren in einer Zunahme ihres Anteiles am gesamten „Bruttosozialprodukt" aus.[7] Bei einem allgemeinen oder teilweisen Produktionsrückgang würde sich wahrscheinlich – da erfahrungsgemäß diese staatlichen Käufe in ihrem Umfange ziemlich stabil sind und, darin besteht ja gerade ihre Funktion, stabil sein müssen – dieser Anteil schlagartig erhöhen. Weiter würde er sich wahrscheinlich dadurch erhöhen, daß dann z. B. der Staat zum Zwecke der Produktionsstimulierung versuchen würde, seine Käufe und Investitionen auszudehnen. Diese nur kurze Zwischenbemerkung zu einem umfangreichen Problem war notwendig, um auf folgendes zu verweisen:

a) Auch unter relativ günstigen Wachstumsbedingungen hat der „staatliche Markt" heute einen hohen Anteil, auch unter diesen Bedingungen bedarf das imperialistische System heute in erheblichem Maße staatlicher Käufe;
b) ihr Anteil in der Gesamtwirtschaft ist gleichzeitig von den jeweiligen Entwicklungsbedingungen der erweiterten Reproduktion abhängig.

Von diesen beiden Seiten aus ist auch der Einfluß der Staatskäufe auf die zyklische Bewegung der kapitalistischen Reproduktion zu betrachten.

Wir möchten in diesem Zusammenhang an die in unserem Artikel in Heft 1/1965, S. 14 angeführte Tabelle, in der diese jährlichen Wachstumsraten über einen längeren Zeitraum betrachtet werden, erinnern. Auch durch die dort enthaltenen Reihen werden unsere Feststellungen bestätigt.

Mit dem Wachstum des „Bruttosozialproduktes" wächst ständig und relativ schnell der Staatsverbrauch in Form von Waren- und Dienstleistungskäufen (in absoluten Zahlen ausgedrückt, stieg er von 14 Md. DM 1950 auf 58 Md. DM 1963).

Sehen wir von den Jahren 1951 und 1952 ab (wo auch verschiedene Sonderfaktoren wirkten), dann liegen bis 1957 die jährlichen Wachstumsraten des Staatsverbrauchs ständig unter denen des gesamten „Bruttosozialprodukts". Ab 1957 ändert sich dieses Bild. Die Raten des Staatsverbrauchs liegen jetzt über denen des „Bruttosozialproduktes". Mitten in der Periode der „Liberalisierung", der „Entfaltung der Marktwirtschaft", setzt diese Entwicklung ein.

Die Ursachen dafür sind zunächst in der Entwicklung der Proportionen innerhalb dieses Staatsverbrauches zu suchen. Bis 1957 bestand der sogenannte Ver-

[7] Die gesamten Staatsausgaben und das „Bruttosozialprodukt" entwickelten sich wie folgt (zu laufenden Preisen, in Md. DM):

Jahr	Gesamte öffentlichte Ausgaben	Veränderungen gegenüber Vorjahr	Brutto-sozialprodukt	Veränderungen gegenüber Vorjahr
1958	88,6	+ 8,4	228,5	+ 7,–
1959	99,–	+11,7	247,9	+ 8,5
1960	112,4	+13,6	282,4	+13,9
1961	128,4	+14,2	310,4	+ 9,9

Die Wachstumsraten der Staatsausgaben sind meist höher, teilweise beträchtlich höher, als die des „Bruttosozialproduktes" Nach: K. Littmann, a. a. O., S. 346.

teidigungsaufwand vor allem aus Besatzungskosten, die ab 1953 eine immer geringere Rolle spielten — ab 1953 ergeben sich sogar einige negative Zuwachsraten (obwohl es sich absolut in diesen Jahren immerhin noch um 5—6 Md. DM handelte). Das zeigt anschaulich den Vorteil, den Westdeutschland auf Grund seiner besonderen Stellung in der westlichen Welt in diesen Jahren dadurch hatte, daß es nicht wie andere Länder mit ständig steigenden Rüstungsausgaben belastet war. Schlagartig ändert sich dieses Bild ab 1958. Der Rüstungsverbrauch weist ständig höhere, teilweise beträchtlich höhere jährliche Zuwachsraten auf als der Staatsverbrauch für zivile Zwecke.

Dies bedeutet aber nicht entsprechend niedrigere „zivile Raten", sondern insgesamt ein Ansteigen der Raten für den Staatsverbrauch. In den letzten drei Jahren sind die jährlichen Zuwachsraten für den zivilen Staatsverbrauch ebenfalls höher als die entsprechenden Raten des „Bruttosozialprodukts". Es zeigt sich also auch von diesem Standpunkt aus betrachtet, eine allgemeine Zunahme des staatsmonopolistischen Kapitalismus, wie er im Staatsverbrauch zum Ausdruck kommt.

Genau wie die staatlichen Lohn- und Gehaltszahlungen sind die staatlichen Käufe an Waren und Dienstleistungen zu einem beachtlichen Faktor der Bewegung des gesamten Reproduktionsprozesses geworden. Dies wird vielleicht noch deutlicher, wenn wir sie zu anderen großen Sektoren der uns vorliegenden Berechnung des „Bruttosozialproduktes" ins Verhältnis setzen.

Dem Staatsverbrauch von 58 Md. DM[8] im Jahre 1963 entsprachen 94,4 Md. DM an Gesamtinvestitionen. Der „Außenbeitrag" (Export/Import), ebenfalls ein wichtiger Faktor bei der Beurteilung der westdeutschen Entwicklung, betrug zum selben Zeitpunkt 5,1 Md. DM. Der größte Posten nach dieser Berechnung ist der sogenannte private Verbrauch. Er, wie auch die Gesamtinvestitionen entwickelten sich schon seit Jahren langsamer als der Staatsverbrauch.. (Veränderungen gegenüber Vorjahr i. v. H.)

Jahr	Privater Verbrauch	Bruttoanlage-investitionen	Staats-verbrauch
1961	9,8	14,3	14,0
1962	9,1	11,5	14,9
1963	5,4	4,9	9,6

Natürlich darf man aus diesen Angaben, die noch durch manche weitere Untersuchungen ergänzt und vervollständigt werden könnten, keine voreiligen Schlußfolgerungen ziehen. Um z. B. ihre tatsächlichen Auswirkungen auf die erweiterte Reproduktion zu beurteilen, müßte man genauer die Quellen ihrer Finanzierung (die ihnen zugrunde liegenden Umverteilungsprozesse) kennen, ebenso wie die Verwendung dieser Waren und Dienste. Es ist z. B. ein großer Unterschied, ob diese Käufe durch Steuerabzüge von Einkommen und Profit finanziert wurden oder durch Staatsverschuldung. Ebenso ist es ein Unterschied, ob Granaten gekauft, Häuser gebaut oder Industriewerke errichtet werden. Von hier aus ergeben sich auch unterschiedliche Auswirkungen auf die anderen Sektoren. Uns geht es hier jedoch nicht darum, sondern um den zu unseren Feststellungen zusätzlichen Nachweis: Der Staatsverbrauch übt auf die

[8] Ebenda.

Gesamtbewegung der erweiterten Reproduktion einen bestimmenden Einfluß aus. Die Gesamtbewegung kann nicht mehr ohne Berücksichtigung des Staatsverbrauchs richtig beurteilt werden. Dies bedeutet, daß die Gesamtbewegung auch entscheidend durch den Staatsverbrauch beeinflußt werden kann.

Gerade durch letztere Feststellung ist noch eine kurze Bemerkung zur Rolle dieses Staatsverbrauches als „Konjunkturinstrument", von der oftmals gesprochen wird, notwendig. Wie unsere Zahlen zeigen, hat der Staatsverbrauch natürlich objektiv einen erheblichen Einfluß auf den Konjunkturverlauf. Dies zeigt sich besonders deutlich in den letzten Jahren, in denen sich die allgemeinen Wachstumsraten verlangsamen, während der Staatsverbrauch schneller wächst als das Bruttosozialprodukt.

Ohne diesen Staatsverbrauch wären die allgemeinen Wachstumsraten wahrscheinlich noch stärker abgesunken. Wenn man aber die Praxis der westdeutschen Haushaltspolitik berücksichtigt, dann kann man nicht sagen, daß etwa mit dem Haushalt bewußt Konjunkturpolitik betrieben, seine Gestaltung in erster Linie diesem Gesichtspunkt untergeordnet wurde. Abgesehen von der Aufrüstung, die heute einen beträchtlichen Teil dieses Verbrauches verschlingt (von 58 Md. DM Staatsverbrauch 1963 16,8 Md. DM nach der vorliegenden Berechnung), unterliegt seine Gestaltung in erster Linie den harten Tatsachen, dem Zwang, der sich aus den grundlegenden Prozessen im modernen Kapitalismus ergibt, in letzter Zeit auch immer mehr aus den Widersprüchen, die mit der technischen Revolution auftreten. Sie fordern die „Staatseinmischung" bei neuen Projekten und Anlagen, bei den Aufgaben der „Infrastruktur" usw. Diese grundlegenden Prozesse im Kapitalismus führten zu einer Zunahme des staatsmonopolistischen Kapitalismus und damit des Staatsverbrauchs und werden weiter dazu führen. Wir wollen damit nur sagen: So groß z. B. die Rolle des Staatsverbrauches auch für die *Beeinflussung* der Konjunktur sein kann, darf man seine Rolle, wie dies manchmal direkt oder indirekt getan wird, nicht und auch nicht in erster Linie darauf reduzieren. Die Praxis beweist, daß man den Staatsverbrauch nicht einfach als Konjunkturinstrument benutzen kann, indem man ihn nach diesen Bedürfnissen bald erhöht und bald reduziert. Wenn es hier natürlich auch viele Möglichkeiten gibt (im allgemeinen in Zeiten relativ oder absolut sinkender Produktion mehr als in Zeiten zunehmenden Wachstums), zeigt doch seine ganze dargelegte Entwicklung, daß sein Umfang letzten Endes von den Grundprozessen, oder besser von den grundlegenden Widersprüchen des heutigen Kapitalismus bestimmt wird. Sein Wachstum ist zumindest in der Tendenz ein durchaus objektiver Prozeß. Ohne in Schematismus zu verfallen, ist hier die Tendenz eindeutig: Die mit der zunehmenden Vergesellschaftung der Produktion zunehmende Unmöglichkeit der privatkapitalistischen Produktion führt zu einer Zunahme des staatsmonopolistischen Kapitalismus und damit auch des Staatsverbrauches.

Da es sich bei den Staatsfinanzen zunächst um staatlich mobilisiertes Geld und Geldkapital handelt, können sie ihren Einfluß auf den Reproduktionsprozeß nicht nur dadurch ausüben, daß mit ihnen Waren und Dienstleistungen gekauft werden oder sie vom Staat für eigene Investitionen ausgegeben werden. Sie können ebenso auch direkt als Geld und Geldkapital in verschiedenen Formen in den Reproduktionsprozeß transferiert werden. In welchem Umfange dies geschieht, zeigt folgende Tabelle. Sie zeigt uns den sogenannten monetären

Transferzahlungen des Bundes, der Länder, der Gemeinden, des Lastenausgleiches und der Sozialversicherung (in Md. DM)[9]

	1959	1960	1961
Laufende Vermögensübertragungen	42,9	46,4	52,3
darunter: Sozialversicherung	25,9	28,1	31,2
Darlehen	9,5	12,8	16,3
Gesamt	52,4	59,2	68,6
Veränderungen im Vergleich zum Vorjahr in v. H.	11,2	12,8	15,9

Transfer vom Staat an die sogenannten privaten Wirtschaftsobjekte in Form von Unterstützungen, Subventionen und Darlehen.
Wir sehen, daß diese ,,Transferzahlungen" in ihrem Umfange größer sind als die staatlichen Käufe. Der größte Teil der Staatsfinanzen wird in dieser Form verausgabt. In den hier betrachteten Jahren ist ihr hohes Volumen ebenfalls ständig gewachsen (besonders die Darlehen, worin, wie wir bereits erläuterten, zum Ausdruck kommt, daß der Staat in zunehmendem Maße langfristiges Geldkapital für die immer umfangreicheren Produktionsanlagen in der ,,Privatproduktion" mobilisieren muß).

Während beim Staatsverbrauch der Staat im allgemeinen auf den Warenmärkten als Käufer auftritt, greift er hier mit Hilfe von Geld und Geldkapital, den allgemeinsten Kategorien der kapitalistischen Warenproduktion, in alle Bereiche des gesellschaftlichen Reproduktionsprozesses ein, und er tut dies in sehr vielfältiger und ganz unterschiedlicher Form. Er zahlt Renten, Pensionen u. ä., subventioniert viele Bereiche der Produktion, tritt als Leihkapitalist, Wertpapierkäufer und vor allem auch als Emittent von vielerlei Wertpapieren auf usw. Wir wollen damit sagen, daß der Staat hierbei natürlich in viel breiterem Maße und für die unterschiedlichsten Aufgaben zur staatsmonopolistischen Regulierung eingesetzt wird, als dies bei seiner Rolle als Warenkäufer der Fall ist.

Dies zeigt bereits — wenn wir an unsere Betrachtungen zur Sozialproduktberechnung erinnern —, daß die Rolle der Staatsausgaben z. B. nicht nur in dem besonderen Sektor ,,Staatsverbrauch" erscheint, sondern daß alle Sektoren dieser Berechnung in ihrer Entwicklung, hier durch die staatlichen ,,Transferzahlungen", von den Staatsausgaben mit abhängig sind. Auch dies beweist, daß es heute keinen besonderen ,,marktwirtschaftlichen" oder ,,privatwirtschaftlichen Bereich", von denen die Apologetik spricht, mehr gibt.

Hierzu muß jedoch ebenfalls bemerkt werden, daß natürlich die Auswirkungen der staatlichen ,,Transferzahlungen", ähnlich wie die der staatlichen Warenkäufe, von den Quellen ihrer Finanzierung und ihrer jeweiligen Verwendung abhängig sind. Gerade bei ihnen kann z. B. das staatliche ,,Geldmachen" eine sehr große Rolle spielen, was natürlich zu anderen Zusammenhängen führt, als wenn die Zahlungen aus Abzügen, z. B. durch Steuern, von Einkommen und Profit stammen.

Diese ,,Transferzahlungen" zeigen jedoch nur die Geld- und Geldkapitalbewegungen, die direkt als Haushaltsausgaben erscheinen. Um die tatsächliche

[9] Ebenda, S. 345.

ökonomische Rolle der staatlichen Geld- und Geldkapitalbewegung, wie sie durch die Haushalte erfolgt, zu erfassen, muß diese noch von manchen anderen, umfassenderen Standpunkten betrachtet werden. Folgende Zusammenhänge sollen diese Problematik erläutern.

Man kann sich die Haushalte gleichsam als Riesenkassen vorstellen, in die dauernd Zahlungen fließen und wieder ausgegeben werden, wobei die Ein- und Ausgänge zeitlich voneinander abweichen und Reserven oder Defizite entstehen. Selbstverständlich befinden sich diese Kassen nicht in einem Tresor, sondern sie sind ganz an das imperialistische Banksystem angeschlossen und damit an die Geld- und Kreditbeziehungen in der gesamten Wirtschaft. Dies ist eine wichtige Seite der heutigen ökonomischen Bedeutung der Staatsfinanzen im Reproduktionsprozeß und von großem Einfluß auf diesen.

Folgende Zahlen (die natürlich ebenfalls westdeutschen Berechnungen entstammen und nach der apologetischen Vorstellung zusammengestellt wurden, daß man „sparen" müsse, um investieren zu können, bzw. die Investitionen von diesem „Sparen" abhängig sind) sollen einen ersten Einblick in diese Seite des Problems und seiner Bedeutung geben.

Ersparnisbildung in der Bundesrepublik von 1960—1963[10]

Position	1960	1961	1962	1963
	(in Md. DM)			
Private Haushalte	15,4	17,4	19,0	22,9
Unternehmen (nicht entnommene Gewinne)	19,3	16,5	13,8	12,7
Öffentliche Haushalte (Überschuß der laufenden Rechnung)* **	23,0	26,5	27,6	26,8
davon: Sozialversicherung	3,5	3,4	3,8	3,5
	(in v. H.)			
Private Haushalte	27,1	29,9	32,1	37,1
Unternehmen	34,0	28,5	23,3	20,6
Öffentliche Haushalte	40,5	45,7	46,5	43,4

* Gebietskörperschaften einschl. Lastenausgleich und ERP-Sondervermögen.

** Der Überschuß ist ermittelt aus den laufenden Einnahmen, abzüglich der laufenden (d. h. der vermögenswirksamen) Ausgaben.

Faktisch enthält die Tabelle die in Geld ausgedrückten „Überschüsse" der einzelnen Sektoren, die als „Ersparnisse" entweder im Banksystem angelegt werden, als Forderungen u. a. existieren oder — sofort oder später — für eigene Investitionen zur Verfügung stehen.

In dieser Tabelle kommt ein tiefgehender Wandel in einer Reihe wichtiger Prozesse zum Ausdruck, die besonders durch die Rolle der Haushalte im staatsmonopolistischen Kapitalismus hervorgerufen wurden (wir haben uns mit dieser Frage bereits in einigen früheren Veröffentlichungen beschäftigt und wollen uns deshalb hier auf einige zusammenfassende bzw. ergänzende Bemerkungen beschränken).

Früher war es allgemein so, daß vom Standpunkt der Finanzierung die Unternehmen einen Finanzierungsdefizit aufwiesen, der wesentlich von den „privaten Haushalten" (den relativ geringeren Einfluß des Auslandes wollen wir hier

[10] Monatsbericht der Deutschen Bundesbank, April 1964, S. 6.

ausschalten) „gedeckt" wurde, die ja selbst nicht investieren, sondern ihre „Überschüsse" bei den Banken anlegen, Wertpapiere kaufen u. ä. Den Begriff „private Haushalte" darf man dabei nicht falsch verstehen, zu ihnen zählt alles, was nicht bei den „Unternehmen" und „öffentlichen Haushalten" erfaßt ist: Große und kleine Einkommen aus allen möglichen Quellen, z. B. auch alle „Privateinkommen" der Kapitalisten und der Finanzoligarchie (also der Teil ihrer Kapitalverwertung, der aus den Unternehmen selbst „entnommen" wurde).

Besonders auf Grund des staatsmonopolistischen Kapitalismus und den ihm zugrunde liegenden Widersprüchen sind heute die „privaten Haushalte" nur mit reichlich einem Drittel (der Anteil dieser und der „Unternehmen" ist stärkeren Schwankungen unterworfen, in den vergangenen Jahren wiesen z. B. die „Unternehmen" einen höheren und die „privaten Haushalte" einen geringeren Anteil auf) an der „Ersparnisbildung" beteiligt, auf die „Unternehmen" fallen 20—30%. Letzteres stellen die „nichtentnommenen Gewinne" dar, die zur „Selbstfinanzierung" verwendet werden. Wir haben in früheren Arbeiten bereits gezeigt, daß dies in vielem ebenfalls eine neue Erscheinung ist, die besonders dem staatsmonopolistischen Kapitalismus (seinem Steuersystem) geschuldet ist. (Dabei ist zu beobachten, daß diese Zahlen Durchschnittszahlen darstellen, bei den großen Gesellschaften ist dieser Satz wesentlich höher, mindestens doppelt so hoch. Er ist jedoch in den letzten Jahren als Folge des verlangsamten Wachstums der Produktion abgesunken. Damit hängt auch die Zunahme der „Ersparnisse" der „privaten Haushalte" zusammen, die in den vorangegangenen Jahren nicht so hoch war.)

Weitere 40—45% dieser Ersparnisbildung stammen heute aus den „öffentlichen Haushalten". Dies wirft ein bezeichnendes Licht auf den sehr hohen Anteil dieser Haushalte an der Gesamtfinanzierung. (Wie schon die Bemerkung über die Selbstfinanzierung zeigte, erschöpft sich aber darin nicht etwa ihre Rolle bei der Investitionsfinanzierung. In unseren Zahlen ist nur ihr Anteil an der „Geldkapitalbildung" in der erweiterten Reproduktion erfaßt.) Dieser hohe Anteil der staatlichen Geldkapitalbildung bedeutet natürlich, daß die „Ersparnisse" in anderen Sektoren entsprechend niedriger sein müssen, während der Einfluß des staatlichen Geldkapitals entsprechend zugenommen hat.

Setzt man von diesen „staatlichen Ersparnissen" die vom Staat direkt finanzierten eigenen Investitionen, die er in steigendem Maße vornehmen muß, ab, so verbleibt trotzdem noch ein erheblicher Teil für die Finanzierung im „privatkapitalistischen Bereich". Wir führten in unserm Artikel in Heft 1/1965 S. 16 die Finanzierungsrechnung der Bundesbank an, die diese Feststellungen bestätigt und sehr plastisch zeigt.

Dies unterstreicht unsere schon an verschiedenen Stellen angefügte Bemerkung über die Bedeutung der Mobilisierung von langfristigem Leihkapital für die Investitionen.

Insgesamt stoßen wir bei dieser Betrachtungsweise auf ein kompliziertes inhaltliches Problem unserer allgemeinen Fragestellung. Nachdem wir vorher den Geldkapital-„Transfer" betrachteten, zeigt sich jetzt, daß darüber hinaus durch den Anschluß der Haushalte an das Banksystem die gesamte „Kassenhaltung" die Rechnung der laufenden Einnahmen und Ausgaben und ihre Salden in die Betrachtung einbezogen werden müssen.

Nach unserer etwas allgemeinen Betrachtung über oftmals sehr abstrakte Berechnungen, die uns ein ungefähres Bild über die Gesamtzusammenhänge vermitteln sollten, jetzt einige konkrete Angaben, die genau zeigen, auf welchen Wegen sich diese Zusammenhänge herstellen.

Finanzierungsrechnung der öffentlichen Haushalte (Gebietskörperschaften, einschl. Lastenausgleich und ERP-Sondervermögen und Sozialversicherung) 1960—1963[11] in Md. DM

Position	1960	1961	1962	1963
I. Veränderungen der Forderungen (Geldvermögensbildung)				
1. Bargeld und Sichteinlagen	1,7	1,8	0,5	—0,4
2. Termineinlagen	0,3	1,2	0,5	0,2
3. Spareinlagen	0,7	0,7	0,9	0,7
4. Sonstige an Banken gegebene Mittel	2,4	4,4	3,3	3,0
5. Erwerb von Geldmarktpapieren	0,8	—	—0,8	—0,1
6. Erwerb von Wertpapieren	2,2	1,6	1,9	1,9
7. Sonstige Forderungen	3,9	4,3	6,2	6,5
dar. an Unternehmen**	(2,5)	(4,0)	(6,0)	(6,8)
Summe	11,9	13,0	12,4	11,9
II. Veränderung der Verpflichtungen (Kreditaufnahme)				
1. Kurzfristige Bankkredite	0,1	1,5	0,2	1,4
2. Langfristige Bankkredite	0,9	5,2	1,8	2,9
3. Kredite der Bausparkassen	—	—	—	—
4. Darlehen der Versicherungen	0,3	0,1	0,2	0,6
5. Absatz von Geldmarktpapieren	0,4	—0,6	—	—0,1
6. Absatz von Schuldverschreibungen	0,7	0,2	0,7	1,6
7. Verpflichtungen gegenüber Ausland***	—0,4	—4,4	0,7	—0,8
Summe	2,1	3,1	3,6	5,7
III. Veränderung der Nettoforderungen (Nettovermögensbildung) (I./.II)	9,7	9,9	8,8	6,2

* Einschl. durchlaufende Mittel.
** Zunahme der Direktforderungen an die Unternehmen, als Rest ermittelt.
*** Einschl. Rückzahlung von Auslandsschulden.

Die Haushalte erscheinen hier wie ein riesiger Bankbetrieb. Die Einzelposten zeigen, daß man bei der Betrachtung der Haushalte als Kapitalmobilisierungsinstrumente diese Seite unbedingt einbeziehen muß. Die Tabelle macht deutlich, wie die Haushalte in ihrer praktischen Tätigkeit als Kreditgeber und Kreditnehmer, als Einleger und Schuldner bei den Banken, als Wertpapierkäufer und Wertpapierverkäufer in das Gesamtsystem eingebaut sind, in ihm wirken (und dementsprechend von ihm abhängig sind). Diese Tabelle offenbart, welche Beziehungen bei der Verwirklichung der Haushalte gleichzeitig im Geld- und Kreditsystem entstehen, welche vielfältigen Eigentumsbeziehungen dadurch

[11] Ebenda, S. 12.

dieser Durchführung der Haushalte zugrunde liegen. Sie spiegelt viele Probleme wider, deren Behandlung aber eine ganz eigene Arbeit erfordern würde.

Wenn wir vorher betrachteten, welche Rolle die staatlichen „Überschüsse" für die privatkapitalistischen Investitionen spielen bzw. spielen können, so zeigt unsere Tabelle, in welcher Form sich dies vollzieht bzw. vollziehen kann.

Früher, bis 1958, waren die staatlichen „Überschüsse" (bekannt unter der Bezeichnung „Juliusturm") bedeutend höher. Seither haben sei eine abnehmende Tendenz. Heute weist der Bundeshaushalt ein zunehmendes Defizit auf. Der „Überschuß", der heute noch vorhanden ist, stammt wesentlich aus anderen Haushalten — über die Hälfte war 1963 der Sozialversicherung geschuldet. Dies zeigt einmal mehr, daß man nicht einen Haushalt isoliert betrachten kann.

Aber ganz abgesehen davon, offenbart gerade letztere Tabelle, daß die festgestellte Rolle der Haushalte im gesamten Bank-, Geld- und Kreditsystem und der daraus folgenden Rolle in der erweiterten Reproduktion nicht etwa von solchen „Überschüssen" abhängig ist. Diese Rolle ergibt sich einmal aus dem, was wir unter „staatlichen Transferzahlungen" erfaßten, und zum anderen aus der staatlichen Kassenhaltung, der ständigen Vereinnahmung und Verausgabung der Finanzen und ihrer Anlage dabei. Der „Transfer" z. B. vollzieht sich u. a. in Form von Darlehensgewährung, Kreditgewährung u. ä. (z. B. enthalten die Bilanzen der Bankenmonopole einen Block von langfristigen Krediten, in unserer Tabelle unter I/4 erfaßt, die in Wirklichkeit staatliche Kredite sind, die nur über diese Banken laufen). Diese aber, ebenso wie Wertpapierkäufe u. ä., kann der Staat auch mit Haushaltsdefiziten finanzieren, die in unserer Tabelle unter „Verpflichtungen" erscheinen. Ebenso spiegelt die gesamte Kassenhaltung der Haushalte nur einen jährlichen Endstand wider. Die Kassenhaltung ist aber ein ständiger Prozeß, der so wie die „Kassenhaltung" der Unternehmen bei den Banken zur Kreditexpansion dienen kann — dies sowohl bei Defiziten wie bei Überschüssen. Diese kurze Bemerkung zu einem an sich komplizierten und weitverzweigten Problem war auch notwendig, weil die Art der Berechnung in den Tabellen zu Irrtümern führen kann.

Insgesamt spiegelt diese Analyse den tieferen Wandel wider, der sich besonders durch den staatsmonopolistischen Kapitalismus im ganzen Finanzierungsmechanismus, damit auch in der Form der Verwandlung von Profit in Kapital, im Verteilungsmechanismus der Gesellschaft und den diesen zugrunde liegenden Eigentumsbeziehungen vollzogen hat.

Wir haben unsere Untersuchungen zum Volumen und der Struktur der Staatsfinanzen absichtlich von verschiedenen Seiten aus geführt (die keinen Anspruch auf Vollständigkeit erheben). Wir wollten damit vor allem auch zeigen, daß sich die ganze Problematik der heutigen Funktionen der Staatsfinanzen keinesfalls in der Widergabe der im Haushalt enthaltenen Größen erschöpfen kann. Dies gilt ganz besonders, wenn wir dieses Haushaltsvolumen vom Standpunkt seiner Bedeutung für die erweiterte Reproduktion betrachten.

Damit enthüllte sich uns ein Teil der Problematik, die zeigt, daß die Staatsfinanzen und ihre staatsmonopolistische Rolle in das *gesamte System des Privatkapitalismus* einbezogen sind, in diesem System wirken und fungieren — anders ausgedrückt, daß dieses System heute nur mit und vermittels der Staatsfinanzen funktioniert.

Wir sahen dabei schon, welche *vielfältigen* und oftmals komplizierten *Gesamtzusammenhänge* im privatkapitalistischen System durch die Haushaltsgestaltung entstehen.

Neue Erscheinungen im Kapitalexport der imperialistischen Länder*

W. Rymalov

Der Kapitalexport ist nach einer Definition von W. I. Lenin eine „der wesentlichsten ökonomischen Grundlagen des Imperialismus“[1], und er bleibt es auch in der modernen kapitalistischen Weltwirtschaft. Doch nachdem der Imperialismus die unbegrenzte Herrschaft über die Mehrheit der Menschheit verloren hat, ist er gezwungen, zu neuen, raffinierteren und getarnteren Formen und Methoden des Exports von privatem und besonders staatlichem Kapital überzugehen. Der Export von staatlichem Kapital wird vorwiegend unter der Flagge der „Hilfe“ für andere Länder durchgeführt.

Unter dieser Flagge hat das Monopolkapital eine Finanzoffensive von bisher unbekanntem Ausmaß entwickelt. Zu den früheren Zielen des Kapitalexports kommen in der Nachkriegsperiode eine Reihe neuer wichtiger Aufgaben hinzu: Festigung der Positionen des schwächer werdenden Weltkapitalismus in seinem Kampf mit dem Sozialismus, Zementierung des unter den Schlägen der nationalen Befreiungsbewegung aus den Fugen gehenden Systems der kapitalistischen Weltwirtschaft, die Länder, die sich befreit haben, an dieses System zu binden und neue Kommandohöhen in ihrer Wirtschaft zu erobern.

Umfang und Formen des Kapitalexports

Vom Umfang der imperialistischen Finanzoffensive zeugt das im Vergleich zur Vorkriegsperiode rapide Wachstum des Kapitalexports aus einigen wenigen der stärksten Staaten. Zu Beginn der sechziger Jahre erreichte die Gesamtsumme der Nettoausfuhr an Kapital aus diesen Ländern in andere in Form von langfristigen privaten Investitionen, staatlichen Anleihen, Krediten und Zuschüssen im Durchschnitt 9 Md. Dollar im Jahr (siehe Tabelle 1), wovon etwa 6 Md. auf die USA entfielen.

Die neuen Formen der wirtschaftlichen Expansion der führenden imperialistischen Mächte stehen in erster Linie mit den Veränderungen der Rolle des Staates beim Kapitalexport im Zusammenhang. Wenn in den vorangegangenen Etappen der Entwicklung des Imperialismus (ausgenommen die Zeit der Weltkriege) der Staat eine äußerst unbedeutende Rolle in dieser Sphäre der internationalen Wirtschaftsbeziehungen spielte, so hat sich jetzt auf dem kapitalistischen Weltmarkt eine völlig andere Lage herausgebildet.

* Übersetzung aus: Weltwirtschaft und internationale Beziehungen“, Moskau, Nr. 7, 1965, russ.

[1] W. I. Lenin, Werke Bd. 22, Dietz Verlag 1960, S. 281.

Unter den Bedingungen, da die politischen Grundlagen des Kolonialismus zerfallen, der Sozialismus das ehemalige Monopol der kapitalistischen Länder zur Lieferung von Ausrüstungen, zur Gewährung von Krediten und Anleihen und zur Vermittlung technischer Erfahrungen untergraben hat, verwandelt sich der imperialistische Staat selbst in den größten Kapitalexporteur. Gleichzeitig übernimmt er die Last der Sicherung des Exports von Privatkapital vor kommerziellen und politischen Risiken, die sich aus dem mächtigen Aufschwung der antiimperialistischen Bewegung in den befreiten und sich befreienden Ländern ergeben.

In einigen Fällen wird der imperialistische Staat sogar zum Partner einzelner monopolistischer Gruppen, die Betriebe im Ausland errichten. Dabei übernimmt er in der Regel die Durchführung der vom kommerziellen Standpunkt unvorteilhaftesten Projekte. Er gewährt dafür sogar zinslose Anleihen und nicht rückzahlbare Zuschüsse auf Kosten der Steuerzahler. Diese neuen spezifischen Formen des Exports von staatlichem Kapital, die der Festigung der Positionen der imperialistischen Monopole in anderen Ländern dienen, sollen gleichzeitig den Warenexport unter den Bedingungen des sich auf dem kapitalistischen Weltmarkt stark verschärfenden Konkurrenzkampfes stimulieren.

Tabelle 1

Kapitalistisch entwickelte Länder: prozentuale Verteilung der Nettobewegung langfristigen Kapitals und staatlicher Zuschüsse (nach Finanzierungsquellen)

Jahr	insgesamt		reines langfristiges Kapital		Staatliche Zuschüsse
	Md. Dollar	%	staatliches Kapital (%)	Privatkapital (%)	
Nettokapitalexport aus Kapitalexportländern*					
1960	8,3	100	26	38	36
1961	9,1	100	31	33	36
1962	9,4	100	28	34	39
Nettokapitalimport in kapitalistische Kapitalimportländer					
1960	2,1	100	16	83	1
1961	2,0	100	10	89	1
1962	2,2	100	15	85	—
Gesamt-Netto-Kapitalimport in übrige Länder					
1960	6,2	100	30	21	49
1961	7,1	100	40	9	51
1962	7,2	100	32	14	54

* USA, England, Frankreich, BRD, Belgien, Holland, Schweiz, Japan. In den angeführten Summen ist der sich gegenseitig aufhebende Kapitalexport innerhalb der Gruppe der Hauptkapitalexportländer nicht enthalten.

Quelle: „International Flow of Long-Term Capital and Official Donations, 1960—1962". U. N. New York, 1964, S. 5—7.

Die aktive Teilnahme des Staates am Kapitalexport wurde somit zu einer der wichtigsten Besonderheiten der wirtschaftlichen Expansion des Imperialismus unter den gegenwärtigen historischen Bedingungen. Dies ist jedoch kein Merkmal für die Stärkung der Positionen des Monopolkapitals in der Weltwirtschaft, sondern zeugt von seiner Schwächung. Wenn es in ihrem Ermessen läge, hätten sich die Monopolisten längst von der Ausfuhr staatlichen Kapitals losgesagt und wären, wie dies nach dem 1. Weltkrieg der Fall war, zur privaten internationalen Finanzierung zurückgekehrt. Zumindest hatten die herrschenden Kreise der USA und einiger anderer imperialistischer Mächte mit einem solchen Verlauf der Ereignisse gerechnet. Der Präsident der USA, Truman, brachte derartige Absichten zum Ausdruck, als er am 27. Juni 1946 erklärte: „Unser gemeinsames Ziel ist die Rückkehr unserer Außenhandelspolitik und unserer Investitionspolitik zur Privatinitiative, sobald dies nur möglich ist.“[2]

Im Ergebnis der weiteren Vertiefung der allgemeinen Kreise des Kapitalismus haben sich diese Hoffnungen nicht erfüllt. In ihren Bemühungen, das anwachsende „überschüssige“ Kapital zu exportieren, wurden die Monopole gezwungen, sich immer mehr auf die Krücken der staatlichen Anleihen zu stützen. Die Analyse der internationalen Wirtschaftsbeziehungen der Nachkriegszeit läßt die Schlußfolgerung zu, daß sich der Export von Privatkapital ohne solche Krücken nicht verstärkt hätte entwickeln können. Auch für das Gebiet des Kapitalexports ist der Ausdruck eines französischen Soziologen anwendbar, wonach sich in der Nachkriegszeit der Staat in eine Art „letzte Maginotlinie“ für den modernen Kapitalismus verwandelt.

Es gibt genügend Grund zur Annahme, daß mit der Vertiefung der allgemeinen Krise des Kapitalismus der Anteil des staatlichen Kapitals an der gesamten Ausfuhr finanzieller Mittel aus den wichtigsten kapitalistischen Ländern wachsen und der Anteil des Privatkapitals zurückgehen wird.

Die Hauptrichtungen der Expansion

Bei der Untersuchung des Kapitalexports als eines der Hauptmerkmale des Imperialismus schrieb Lenin: „Solange der Kapitalismus Kapitalismus bleibt, wird der Kapitalüberschuß nicht zur Hebung der Lebenshaltung der Massen in dem betreffenden Lande verwendet. — denn das würde eine Verminderung der Profite der Kapitalisten bedeuten —, sondern zur Steigerung der Profite durch Kapitalexport ins Ausland, in rückständige Länder. In diesen rückständigen Ländern ist der Profit gewöhnlich hoch, denn es gibt dort wenig Kapital, die Bodenpreise sind verhältnismäßig nicht hoch, die Löhne niedrig und die Rohstoffe billig.“[3]

Diese These gilt in ihren Grundzügen auch für die heutige Zeit. Gleichzeitig muß sie jedoch im Lichte der Tatsachen der letzten Jahre präzisiert werden.

Die Leninsche Schlußfolgerung wurde gezogen, als der Imperialismus in der Weltwirtschaft und in der Weltpolitik unbegrenzt herrschte, als der Kapitalexport eine ausschließliche Funktion des privaten Unternehmertums war. Wie Tabelle 1 zeigt, kann man heute nicht behaupten, daß die wichtigsten kapitalistischen Staaten den größten Teil des Privatkapitals in ökonomisch rückständige Länder exportieren. Umgekehrt, der Löwenanteil wird in andere, relativ entwickelte kapitalistische Länder ausgeführt.

[2] Vgl.: Henry Claude, „Wer braucht den Krieg“, Moskau 1949, S. 87 (russ.).
[3] W. I. Lenin, Werke Bd. 22, Dietz Verlag 1960, S. 245.

Von der Kapitalausfuhr der Hauptexportländer in Form langfristiger staatlicher Kapitalanlagen gelangen dagegen zur gleichen Zeit weniger als 20% aller Mittel in entwickelte kapitalistische Länder, während der übrige Teil in ökonomisch schwachentwickelte Länder geht. Die Ausfuhr staatlicher Mittel in Form von Zuschüssen, deren Summe in der letzten Zeit 3 Md. Dollar jährlich übersteigt, fließt fast vollständig in diese Länder. Nur dank der außerordentlichen Entwicklung staatsmonopolistischer Tendenzen erreicht folglich der Anteil des staatlichen Kapitals am Netto-Kapitalexport der führenden kapitalistischen Mächte fast 70 Prozent. Eine detaillierte Vorstellung darüber kann Tabelle 2 vermitteln, welche die Hauptströmungen der Netto-Kapitalbewegung nach den wichtigsten Ländergruppen der kapitalistischen Weltwirtschaft charakterisiert.

Der größte Kapitalexporteur ist gegenwärtig die USA. Sie exportieren fast $^9/_{10}$ des Nettovolumens an finanziellen Mitteln, die in kapitalimportierende kapitalistische Staaten gehen, und mehr als $^6/_{10}$ aller Mittel, die in Entwicklungsländern angelegt werden. Die gesamte Kapitalausfuhr der anderen „kapitalkräftigen" imperialistischen Staaten beträgt zusammengenommen wenig mehr als ein Drittel des Exports aus den USA.

Tabelle 2

Kapitalistisch entwickelte Länder: die internationale Bewegung langfristigen Kapitals und staatlicher Zuschüsse nach Bestimmungsgebieten (Netto)

Länder	1960—1962 (jahresdurchschnittliche Summe in Md. Dollar)*			
	insgesamt	entwickelte Länder	Entwicklungsländer	Internationale Organisationen
Kapitalexportierende Länder	−8940	−2020	−5845	−730
dav. USA	−6120	−1811	−3601	−427
Westeurop. Länder	−2770	− 380	−2000	−345
darunter Frankreich	−1310	− 95	−1115	−105
England	− 540	175	− 595	− 85
Westdeutschland	− 490	− 140	− 220	−120
Kapitalistisch entwickelte Länder, die Kapital importieren	2120	2360	− 235	− 16
insgesamt, alle angeführten Länder	−6820	340	−6080	−747

* Abgerundete Berechnungen. In die Gesamtsumme sind die auf andere Spalten nicht verteilten Summen mit einbezogen. Ohne Vorzeichen bedeutet Netto-Kapitalimport, das Minuszeichen bedeutet Netto-Kapitalausfuhr.

Quelle: „International Flow of Long-Term Capital and Official Donations, 1960—1962", S. 7.

Die oben angeführten Zahlen zeigen jedoch nur die Netto-Kapitalausfuhr aus den führenden kapitalistischen Mächten. Sie ermöglichen es nicht, das allgemeine Gesamtbild der Kapitalbewegung sowohl innerhalb dieser Mächtegruppe als auch den Zufluß finanzieller Mittel in diese Länder aus anderen Ländern der kapitalistischen Welt genau zu bestimmen.

Das Privatkapital „bevorzugt" kapitalistisch entwickelte Länder

Die Statistik der internationalen Bewegung des Privatkapitals ist bei weitem nicht vollkommen und vollständig. Einige Hauptländer – Kapitalexporteure – veröffentlichen keine genauen Angaben über die Finanztätigkeit ihrer Monopole im Ausland. Deshalb ist es nicht möglich, annähernd genau den Bruttoumfang des Kapitalexports der Monopole innerhalb der ganzen Gruppe der kapitalistisch entwickelten Länder zu bestimmen und ihn mit einem zusammengefaßten zahlenmäßigen Ausdruck mit dem Kapitalexport in ökonomisch schwachentwickelte Gebiete zu vergleichen.

Wir verfügen über solche Angaben nur für einzelne kapitalistische Hauptländer. Aber auch sie (vor allen Dingen die Angaben für die USA) ermöglichen nur eine gewisse Vorstellung über den Umfang und die Rolle „des gegenseitigen Austausches" von langfristigen Kapitalanlagen zwischen den führenden imperialistischen Mächten im Vergleich zum Kapitalexport in andere Länder.

Die Direktinvestitionen der USA-Monopole im Ausland sind allein in den letzten 13 Jahren auf fast das 3,5fache oder ungefähr um 30 Md. Dollar angewachsen, darunter die in andere kapitalistische Länder auf das 4,5fache (um 20 Md. Dollar), während die in ökonomisch rückständige Länder Asiens, Afrikas und Lateinamerikas sich lediglich auf etwas mehr als das 2fache (um 6,4 Md. Dollar) erhöhten. Mit anderen Worten, *das Tempo des Nettoexports von amerikanischem Privatkapital in die entwickelten kapitalistischen Länder war mehr als doppelt so hoch als in die ökonomisch weniger entwickelten Gebiete.* In der gleichen Periode

Tabelle 3
Direkte private Kapitalanlagen der USA im Ausland und direkte, private, ausländische Kapitalanlagen in den USA (in Md. Dollar)

	1950	1957	1963	1963 in % zu 1950
I. Auslandsinvestitionen der USA (insgesamt)	11,79	25,39	40,65	345
davon:				
a) in Westeuropa	1,73	4,15	10,35	598
in Kanada	3,58	8,77	13,02	364
in Japan	0,02	0,19	0,48	2400
in Australien, Neuseeland, Südafrika	0,37	0,93	1,79	484
insgesamt in diesen Ländern	5,70	14,04	25,64	450
b) in afrikanischen Ländern (ohne VAR)	0,15	0,36	1,01	673
in Asien (ohne Japan)	0,98	1,83	2,31	236
in Lateinamerika	4,45	7,43	8,66	195
insgesamt in diesen Gebieten	5,58	9,61	11,98	215
II. Ausländische Kapitalanlagen in den USA (gesamt)	3,39	–	7,94	234

Quelle: „Survey of Current Business", August 1964, S. 10, 14.

erhöhten sich die Anlagen von ausländischem Privatkapital in der USA-Wirtschaft auf mehr als das 2,3fache oder um 4,5 Md. Dollar (siehe Tabelle 3).

Der Kapitalexport in das Ausland durch diese oder jene Monopole wird in jedem konkreten Falle durch eine Vielzahl verschiedenartiger Ursachen bestimmt. Wenn man das wichtigste hervorheben will, so könnte man die weiter oben betrachtete These im wesentlichen durch *zwei entscheidende Umstände* erklären: die sich in den Nachkriegsjahren vollziehenden wesentlichen Veränderungen „des Investitionsklimas" sowohl in den entwickelten kapitalistischen Staaten als auch in den ökonomisch schwachentwickelten Ländern.

Vor allen Dingen muß man beachten, daß die in dem letzten Jahrzehnt vor sich gegangene grandiose wissenschaftlich-technische Revolution zu einer bedeutenden Erweiterung der Voraussetzungen für neue große Kapitalanlagen der Monopole in der Wirtschaft der kapitalistischen Länder geführt hat. Die Ausnutzung der Errungenschaften von Wissenschaft und Technik macht angesichts der Gesetze der kapitalistischen Produktion solche Investitionen äußerst profitabel. Dies gilt besonders für die bedeutenden Aufwendungen zur Entwicklung neuer moderner Betriebe zur Massenproduktion von Waren. Die „kapitalkräftigen" Monopole erhielten die Möglichkeit, vom schnellen wissenschaftlich-technischen Fortschritt durch den Aufbau solcher Betriebe sowohl im eigenen Land als auch auf Kosten des Exports von produktivem Kapital in andere kapitalistische Länder den Rahm abzuschöpfen.

Es ist charakteristisch, daß sich von 1948 bis 1963 die Produktion der verarbeitenden Industrie der entwickelten kapitalistischen Staaten insgesamt mehr als verdoppelte.[4] Mit anderen Worten, diese Länder konnten in dieser Zeit Produktionskapazitäten schaffen, die größer sind als alle in der gesamten vorangegangenen Geschichte des Kapitalismus geschaffenen Kapazitäten. Auf dieser Grundlage, und auch dank einer gewissen, in einigen wichtigen kapitalistischen Ländern im Ergebnis bestimmter Erfolge des Klassenkampfes der Werktätigen gegen die monopolistische Ausbeutung errungenen Erhöhung des Lebensstandards, vollzog sich eine wesentliche Erweiterung des inneren Marktes in diesen Ländern. Die Bruttoproduktion der Industriegesellschaften der USA stieg z. B. von 1947 bis 1962 von 123 Md. Dollar auf 308 Md. Dollar und der Gesamtumsatz ihrer Auslandsbetriebe erreichte 1963 mehr als 31 Md. Dollar.[5]

Die amerikanische Statistik weist nicht aus, welcher Teil der Gewinne auf Kapitalanlagen im Ausland entfällt. Indirekte Berechnungen, durchgeführt auf der Grundlage von Angaben der amerikanischen Statistik, führen zu der Schlußfolgerung, daß zu Beginn der sechziger Jahre die Profite der Filialen amerikanischer Industriegesellschaften 4,5 bis 6 Md. Dollar (ohne Abzug der Steuern) erreichten, d. h. mehr als 10% der gesamten Einnahmen der USA-Monopole. Wenn man noch die Amortisationen berücksichtigt, die im wesentlichen für Reinvestitionen vorgesehen sind, dann erhöht sich die Summe auf 7 bis 9 Md. Dollar. Ungefähr 80% dieser Summe entfallen auf entwickelte kapitalistische Länder.[6]

Aus derartigen Angaben folgt jedoch nicht, daß sich in der modernen kapitalistischen Weltwirtschaft die Bedeutung der ökonomisch schwachentwickelten Länder als für die Monopole der imperialistischen Staaten äußerst vorteilhafte

[4] „Monthly Bulletin of Statistics". U. N. August 1964, S. X.
[5] „Survey of Current Business", October 1963, S. 10; October 1964, S. 12.
[6] Ebenda, October 1963, S. 10, 19; October 1964, S. 12.

Kapitalanlagesphäre verringert hat. In einigen Fällen erreicht die Profitrate ausländischer Gesellschaften in ökonomisch schwachentwickelten Ländern 100% und mehr. Besonders die Rohstoffmonopole erzielen dort sehr hohe Einnahmen. Und dennoch ist in den Nachkriegsjahren ausländisches Privatkapital in ziemlich begrenztem Umfang in diese Länder exportiert worden. Dies erklärt sich nicht nur aus den oben angeführten ökonomischen Faktoren, die mit dem schnellen technischen Fortschritt in vielen Produktionszweigen der entwickelten kapitalistischen Länder zusammenhängen. In bedeutendem Maße ist dies auch durch die politischen Folgen des Zerfalls des Kolonialsystems und der Angst der Monopole vor der sich ständig entwickelnden nationalen Befreiungsbewegung in den von ihnen ausgebeuteten Ländern bestimmt.

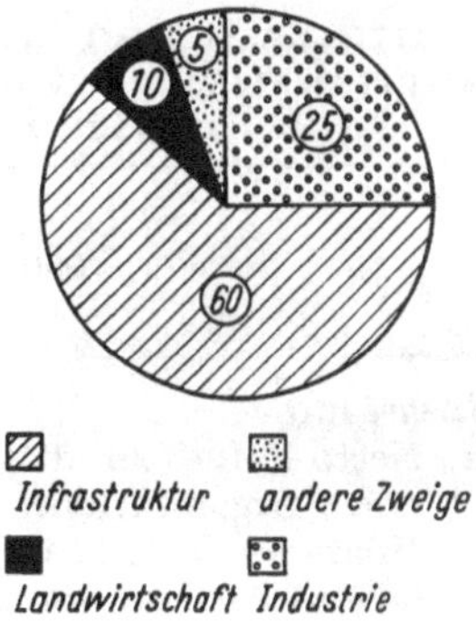

Abb. 1. Die Verteilung ausländischer staatlicher Mittel nach Entwicklungsprojekten im Jahre 1962 (in %)

In der Mehrzahl der befreiten und in anderen ökonomisch schwachentwickelten Ländern entfaltet sich ein energischer Kampf um die Einengung der Herrschaft des ausländischen Kapitals in der Volkswirtschaft und für die Nationalisierung der dem ausländischen Kapital gehörenden Betriebe. In einer Reihe junger souveräner Staaten hat dieser Kampf schon wesentliche Ergebnisse gebracht.

Der Imperialismus ändert seine Taktik

Die Monopole hören nicht auf, nach profitablen Kapitalanlagen in den Ländern Asiens, Afrikas und Lateinamerikas zu streben. Sie ziehen es jedoch unter den gegenwärtigen Bedingungen vor, nicht ihr Kapital zu riskieren, sondern rücken das staatliche Kapital als Hauptinstrument der ökonomischen Expansion und der Schaffung eines günstigen „politischen Klimas" für private Kapitalanlagen in den Vordergrund. Gleichzeitig dient die Expansion des staatlichen Kapitals auch einem anderen wichtigen Ziel — der Entwicklung der notwendigen wirtschaftlichen Voraussetzungen (vor allem auf dem Gebiete der Infrastruktur) für große private Kapitalanlagen in den verarbeitenden Zweigen der Industrie der befreiten und sich befreienden Länder.

In diesem Zusammenhang muß folgende These unterstrichen werden. Unter den gegenwärtigen Bedingungen wäre es nicht richtig zu glauben, daß der Imperialismus in seiner Politik des Kapitalexports die Entstehung der verarbeitenden Industrie, darunter ihrer Hauptzweige, in diesen Ländern nur hemmt. In den letzten 10 bis 15 Jahren war das Monopolkapital unter dem Druck der Umstände gezwungen, zu einer wesentlichen Revision dieser Politik

Tabelle 4

Netto-Zufluß an langfristigem Kapital und staatlichen Subsidien aus kapitalistisch entwickelten Ländern und internationalen Organisationen in Entwicklungsländer Asiens, Afrikas und Lateinamerikas

Position	1951—1955	1956—1959	1960—1962
	im Durchschnitt pro Jahr; in Md. Dollar*		
Insgesamt	—2,6	—4,7	—6,0
a) Netto-Zufluß an Mitteln von internationalen Organisationen	—0,1	—0,2	—0,3
b) Bilaterale Verträge**	—2,5	—4,5	—5,7
davon: Ausfuhr von Privatkapital	—0,7	—1,4	—1,2
darunter: registrierte Reinvestitionen***	(—0,4)	(—0,5)	(—0,5)
Regierungszuschüsse	—1,1	—2,1	—2,6
Staatliche Anleihen und Kredite	—0,8	—1,0	—1,8
Gesamtsumme des Exports staatlicher Mittel	—1,9	—3,1	—4,5
davon: Verkauf landwirtschaftlicher „Überschüsse" der USA	—	—0,6	—0,8

* Das Minuszeichen bedeutet Netto-Kapitalabfluß.

** Ohne Schätzungen der französischen Privatanlagen in den Ländern der Franc-Zone, die von 1956—1961 im Durchschnitt 300 bis 350 Mill. Dollar betrugen; Angaben für 1951—1955 sind nicht vorhanden.

*** Begründet vorwiegend auf Angaben Englands und der USA; die Mehrzahl der anderen Kapitalexportländer veröffentlichen keine Angaben über reinvestierte Profite.

Quelle: „Financing for an Expansion of International Trade". E/Conf. 46/9, 10. III. 1964, S. 6.

überzugehen. Wenn vor noch verhältnismäßig kurzer Zeit die von ihm in die schwachentwickelten Länder importierten Mittel fast vollkommen zur Festigung der Agrar- und Rohstoffstruktur dieser Wirtschaften dienten, so beginnt das Monopolkapital unter den Bedingungen des Zerfalls des Kolonialimperiums und des verschärften ökonomischen Wettbewerbs zwischen den beiden Weltsystemen die Taktik zu ändern. Der Imperialismus bemüht sich, die Schlüsselpositionen in den führenden Zweigen der verarbeitenden Industrie der Entwicklungsländer zu erobern, deren Schaffung in vielen Ländern durch die objektiven, dringendsten Bedürfnisse ihrer Wirtschaft diktiert wird.

Ungefähr ein Drittel aller privaten Direktinvestitionen der USA in die Entwicklungsländer gingen in den Jahren 1959—1962 in die verarbeitende Industrie (in den Ländern Lateinamerikas waren es sogar zwei Drittel). In der gleichen Periode entfielen 65% aller englischen Privatanlagen in Lateinamerika und mehr als 40% solcher Anlagen in Ländern der Sterling-Zone ebenfalls auf die verarbeitende Industrie.[7]

Sogar wenn mehr oder weniger günstige soziale und politische Bedingungen für ein bedeutendes Wachstum ausländischer Kapitalanlagen in der Industrie der befreiten Länder bestehen, sind die Monopole, wie die Erfahrung zeigt, nicht geneigt, Kapital zur Entwicklung der dort äußerst rückständigen Infrastruktur zu investieren. Sie sind bestrebt, die wenig profitablen Ausgaben auf den Staat abzuwälzen und zwingen ihn, einen bedeutenden Teil dieser Last auf sich zu nehmen. Von allen staatlichen Mitteln, die im Jahre 1962 von den USA, England, Frankreich und Westdeutschland sowie von der Internationalen Bank für Wiederaufbau und Entwicklung für sogenannte „Entwicklungsprojekte" in den Ländern Asiens, Afrikas und Lateinamerikas zur Verfügung gestellt wurden, dienten ungefähr $^2/_3$ zur Verbesserung der dortigen Infrastruktur[8]. Dank der aktiveren Tätigkeit des Staates gelang es den Monopolen, unter den Bedingungen des Zerfalls des Kolonialsystems den Kapitalexport in diese Länder nicht nur zu erhalten, sondern sogar bedeutend zu erweitern. Davon zeugen die in Tabelle 4 angeführten Berechnungen.

Die Angaben in Tabelle 4 zeigen, daß der Netto-Zufluß von Mitteln aus den kapitalistischen Ländern in die Entwicklungsländer Asiens, Afrikas und Lateinamerikas zu Beginn der sechziger Jahre im Vergleich zu den fünfziger Jahren 2,3mal größer war und 1960—1962 6 Md. Dollar im Jahresdurchschnitt erreichte. Davon wurden 5,7 Md. Dollar auf bilateraler Basis vergeben und nur 0,3 Md. kamen von internationalen Finanzorganisationen. Auf fast das Doppelte erhöhte sich in dieser Periode das Wachstumstempo des Privatkapitals, welches in der letzten Zeit 1,2 Md. Dollar betrug. Mindestens 50% davon stellten jährlich praktisch reinvestierte Profite der Filialen und Tochtergesellschaften ausländischer Monopole in diesen Ländern dar, während der Netto-Export neuen Kapitals nicht mehr als 0,5 bis 0,6 Md. Dollar im Jahr betrug. 1962 entfielen z. B. zwei Drittel der Gesamtsumme der privaten Kapitalanlagen der USA in Entwicklungsländer auf Reinvestitionen und nur ein Drittel wurde unmittelbar aus den USA ausgeführt. Die entsprechenden Zahlen für England betragen 60% und 40%.[9]

Die Angaben für die Vereinigten Staaten von Amerika sind besonders charakteristisch, da sie weitgehend die Resultate der Aktivität des modernen Kapitalismus in der Sphäre des Exports sowohl von privatem als auch staatlichem Kapital bestimmen. Der Anteil der USA an der Gesamtausfuhr staatlicher Mittel aus kapitalistischen Staaten in die Entwicklungsländer betrug 1950—1955 — 54%, 1956—1959 — 55%, 1960—1962 — 57%. Die entsprechenden Angaben (in%) für Frankreich waren 24, 20, 16; für England 9, 6, 7; für Westdeutschland 2, 4, 6; für Japan 1, 4, 3 usw.[10]

Aus der durchschnittlichen jährlichen Gesamtsumme von 4,5 Md. Dollar, die von 1960—1962 aus den führenden kapitalistischen Staaten in die Entwicklungsländer exportiert wurden, entfielen ungefähr 60% (2,6 Md.) auf Zuschüsse und der übrige Teil auf Anleihen (1,9 Md.). Die bedeutende Erhöhung der

[7] „World Economic Survey, 1963", U. N., 1964, S. 241.

[8] Ebenda, S. 242.

[9] „Financing for an Expansion of International Trade". E/Conf. 46/9, 10. III. 1964, S. 13.

[10] „World Economic Survey, 1963", S. 228.

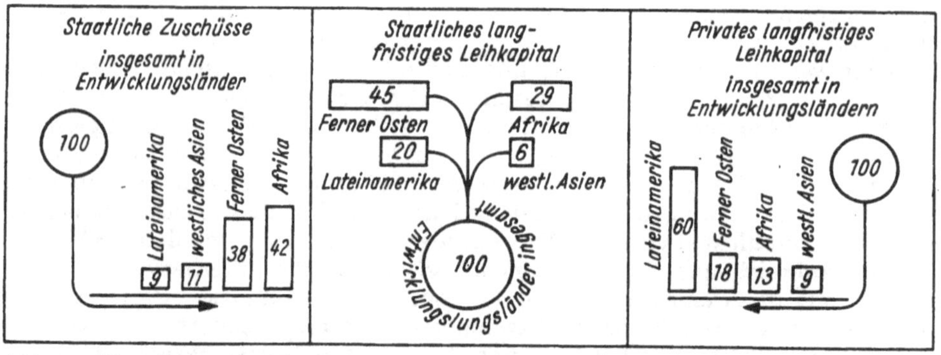

Abb. 2. Verteilung des Netto-Zuflusses an langfristigem ausländischem Leihkapital und staatlichen Zuschüssen (in %)

Zuschüsse gegenüber den staatlichen Anleihen war fast für die gesamte Nachkriegsperiode typisch. Dieser Trend bleibt aber nicht unverändert.

In den letzten Jahren erhalten in den USA und in einigen anderen kapitalistischen Ländern die Anleihen einen immer größeren Vorrang. Sie verwandeln sich sehr schnell in ein Hauptinstrument der imperialistischen Infiltration in die Entwicklungsländer unter der Flagge der ökonomischen Hilfe. Wenn im Jahre 1960 der Anteil der Anleihen am Gesamtumfang derartiger „Hilfe" von seiten der Hauptkapitalexportländer 33% und 1961 —41% betrug, so waren es im Jahre 1962 schon 47%.[11] Nach einer Erklärung des Direktors der amerikanischen „Verwaltung für internationale Entwicklung", D. Bell, ist „die sich verstärkende Stützung auf Anleihen im Unterschied zu Zuschüssen" eine der wichtigsten Veränderungen der amerikanischen Politik der „Wirtschaftshilfe". Während des „Marshallplanes" wurden mehr als 90% der „Hilfe" in Form von Zuschüssen gewährt. Im Jahre 1957 betrugen die Anleihen nur 18% der Gesamthilfe.[12] Im Finanzjahr 1963/64 wurden bereits mehr als 60% aller Mittel in andere Länder in Form von Anleihen ausgeführt.

Ein relativ großer Teil dieser Anleihen besteht aus Mitteln in nationaler Valuta, die aus dem Verkauf sogenannter „Überschüsse" an landwirtschaftlichen Erzeugnissen in diesen Ländern (hauptsächlich von den USA) erzielt werden. Diese Verkäufe nehmen einen bedeutenden Platz bei allen Maßnahmen zur ökonomischen Expansion des Imperialismus in Asien, Afrika und Lateinamerika ein. Ihr Umfang erreicht ungefähr 25% der Gesamtsumme aller Mittel, die aus staatlichen Quellen aller kapitalistischer Staaten in die Entwicklungsländer fließen und fast ein Drittel der „Wirtschaftshilfe" der USA.

Dieses äußerst eigenartige ökonomische Instrument des Neokolonialismus wurde durch zwei Hauptumstände ins Leben gerufen. Einerseits sind in der Landwirtschaft der überwältigenden Mehrzahl der Entwicklungsländer äußerst ungünstige Stagnationserscheinungen zu beobachten (die Produktion landwirtschaftlicher Erzeugnisse pro Kopf der Bevölkerung, besonders Nahrungsmittel, bleibt auf dem äußerst niedrigen Vorkriegsniveau und in vielen Fällen sogar noch darunter). Andererseits haben sich in der Landwirtschaft einiger kapitali-

[11] „Financing for an Expansion of International Trade", S. 9.
[12] „The New York Times Magazine", 1. IX. 1963, S. 39.

stischer Staaten (vor allem in den USA), in denen in der Nachkriegsperiode die Landwirtschaft im wesentlichen auf eine maschinelle Produktionsgrundlage überführt wurde, große Überschüsse an landwirtschaftlichen Erzeugnissen angehäuft, die unter den Bedingungen der kapitalistischen Wirtschaft keinen profitablen Absatz finden. Nicht selten verwandelt sich der Export landwirtschaftlicher „Überschüsse" in das wichtigste Instrument zur Schaffung erster „Brückenköpfe" des amerikanischen Kapitals in den ökonomisch rückständigen Ländern. Alle Ausgaben zur Verwirklichung dieser Operation wälzen die Monopole auf den Staat ab, das heißt auf die breiten Schichten der Steuerzahler in den entwickelten kapitalistischen Ländern.

Über die sogenannten Zugeständnisse der imperialistischen Mächte an Länder die sich befreit haben

Wie schon hervorgehoben, verwandeln sich jetzt die Anleihen in die wichtigste Form der Ausfuhr von staatlichem Kapital der imperialistischen Mächte in die Entwicklungsländer. Unter den Bedingungen des Zusammenbruchs des Kolonialsystems übersteigen die staatlichen Anleihen in ihrem Umfang schon bedeutend den Umfang des Leihkapitals, welches aus privaten Quellen in diese Länder exportiert wird. Zu welchen Bedingungen werden diese Anleihen nun gewährt?

Die fortschrittliche Presse entlarvte und entlarvt ständig den knechtenden und nicht gleichberechtigten Charakter, das offensichtliche und maskierte imperialistische Wesen solcher Anleihen. Das sozialökonomische Wesen dieser Anleihen hat sich natürlich im Laufe der Zeit nicht verändert. In der letzten Zeit zeichnen sich jedoch in den finanziellen Bedingungen der Gewährung von Anleihen nicht unbedeutende Veränderungen ab, die Aufmerksamkeit und Erklärung erfordern. Wenn noch vor nicht allzulanger Zeit solche grundlegenden Finanzbedingungen, wie die Tilgungsfrist und der Zinssatz außerordentlich ungünstig für die Entwicklungsländer waren, besonders im Vergleich zu den Bedingungen der Hilfegewährung von seiten der sozialistischen Länder, so beginnt sich jetzt eine neue Lage herauszubilden. Die imperialistischen Mächte sind gezwungen, die finanziellen Bedingungen für die Kreditierung der wirtschaftlichen Entwicklung der Länder Asiens, Afrikas und Lateinamerikas zu erleichtern, ihren ausbeuterischen neokolonialistischen Charakter immer sorgfältiger zu tarnen. Eine anschauliche Vorstellung darüber kann Tabelle 5 vermitteln, in der die staatlichen Anleihen, die in der Währung des Kreditors getilgt werden müssen, untersucht werden. Diese Angaben berücksichtigen nicht die relativ geringe Zahl von Anleihen, die auf weniger als 5 Jahre gewährt werden.

Die angeführten Veränderungen beziehen sich vor allen Dingen auf den Beginn der sechziger Jahre. Während im Jahre 1961 die Gesamtsumme der Mittel für Anleihen, die zu 3% und weniger gewährt wurden, ungefähr 22% betrug, erhöhte sie sich im Jahre 1962 bereits auf 42%. Gleichzeitig verringerte sich der Anteil der Anleihen zu 5% und mehr von 68% auf 41%. Der Anteil der Mittel für Anleihen, die für eine Frist von 20 Jahren und mehr gewährt wurden, erhöhte sich von weniger als der Hälfte der Gesamtsumme der Verbindlichkeiten im Jahre 1961 auf fast zwei Drittel im Jahre 1962, während der Anteil der An-

Tabelle 5
Die Verteilung staatlicher Anleihen auf bilateraler Grundlage nach der Höhe des Zinssatzes und der Laufzeit (1962, in %)*

	alle Länder	USA	Frankreich	Westdeutschland	Italien	Japan	England
Zinssatz in %							
0–1	39 (18)	58 (28)	– (2)	– (–)	– (–)	– (–)	8 (4)
1–3	3 (4)	2 (–)	28 (47)	– (–)	– (–)	– (–)	– (–)
3–5	17 (10)	13 (3)	30 (20)	54 (38)	22 (100)	– (1)	1 (2)
5–6	29 (48)	27 (60)	27 (28)	40 (30)	5 (–)	40 (14)	33 (33)
6 und mehr	13 (20)	– (9)	16 (3)	6 (32)	73 (–)	60 (85)	58 (61)
insgesamt	100 (100)	100 (100)	100 (100)	100 (100)	100 (100)	100 (100)	100 (100)
Laufzeit							
5–10 Jahre	11 (13)	6 (7)	1 (3)	3 (19)	61 (100)	92 (34)	– (16)
10–20 Jahre	27 (42)	24 (46)	49 (16)	65 (49)	39 (–)	8 (66)	12 (3)
20–30 Jahre	23 (24)	13 (12)	15 (45)	32 (32)	– (–)	– (–)	80 (81)
30 und mehr Jahre	39 (21)	57 (35)	35 (36)	– (–)	– (–)	– (–)	8 (–)
insgesamt	100 (100)	100 (100)	100 (100)	100 (100)	100 (100)	100 (100)	100 (100)

* In Klammern sind zum Vergleich die entsprechenden Angaben für 1961 angeführt.
Quelle: „Financing for an Expansion of International Trade", S. 11.

leihen mit einer Laufzeit von 10 bis 20 Jahren stark zurückgegangen ist. Die USA gewährten z. B. im Jahre 1960 Anleihen mit einer Laufzeit von 20 und mehr Jahren in Höhe von 126 Mill. Dollar, 1962 waren es bereits mehr als 1140 Mill. Diese Tendenz wird sich auch in den nächsten Jahren weiter fortsetzen. Ihr Wirken wird vor allen Dingen und in erster Linie durch die Veränderungen der Anleihepolitik der Vereinigten Staaten bestimmt. Der Übergang zu niedrigeren Zinssätzen vollzieht sich auch in Westdeutschland und Japan.

In bedeutendem Maße sind die angeführten Zahlen das Ergebnis eines besonderen statistischen Tricks, — der mechanischen Überführung der Zuschüsse in die Kategorie der Anleihen mit niedrigem Zinssatz. Es wäre jedoch nicht richtig, sich nur mit solcher Erklärung zufrieden zu geben. Erstmals in der Geschichte hat die größte imperialistische Macht damit begonnen, den ökonomisch schwachentwickelten Ländern äußerst umfangreiche Anleihen auf der Grundlage von Zinssätzen zu gewähren, die 3 bis 7mal niedriger sind als die der kommerziellen Anleihen des Privatkapitals der Monopole. Ein bestimmter Teil davon diente in den letzten Jahren in der Tat zur Entwicklung der Produktivkräfte dieser Länder.

All dies ist natürlich nicht nur das Ergebnis „statistischer Übungen" der Neokolonialisten, sondern hier kommt allmählich und gesetzlich eine der wichtigsten ökonomischen Folgen des Zerfalls des Kolonialsystems und der ständigen Entwicklung einer wahrhaft gleichberechtigten wirtschaftlichen Zusammenarbeit zwischen den befreiten und den sozialistischen Ländern zum Ausdruck. Im Kampf um Wege für die weitere sozialökonomische Entwicklung dieser Länder ist der Imperialismus gezwungen, im Rückzug vor dem Sozialismus immer häufiger und in immer größerem Umfang diesen Ländern wirtschaftliche

Zugeständnisse zu machen, um sie im System der kapitalistischen Weltwirtschaft zu halten.

Die Erzielung unmittelbar hoher Profite ist unter diesen Bedingungen schon nicht mehr das erstrangige Ziel des Exports von staatlichem Kapital. In dem jedoch ein Grundpfeiler der imperialistischen Front gefestigt wird, führt diese Politik unumgänglich zur Schwächung anderer. Der Unterschied zwischen den Zinssätzen staatlicher Anleihen einerseits und den Anleihen der Monopole auf kommerzieller Grundlage andererseits ist stark angewachsen, so daß eine äußerst komplizierte Lage entsteht.

So hat Indien z. B. im Dezember 1963 eine Anleihe zum Import von Eisenbahnausrüstungen aus Kanada zu einem Jahreszinssatz von 6% auf 15½ Jahre erhalten, und Pakistan von den USA zu 0,75% auf 40 Jahre. Im gleichen Monat gewährte die „Bank of Amerika" Pakistan eine Anleihe zum Bau eines Erdölverarbeitungswerkes zu 5,5% (auf 13 Jahre), und eine amerikanische Regierungsorganisation gewährte eine zinslose Anleihe für den Aufbau eines Sägewerkes in Ost-Pakistan auf 50 Jahre, einschließlich von 10 Vergünstigungsjahren. Der Vergleich zwischen derartigen Anleihen fällt durchaus nicht zugunsten der „kommerziellen Kreditierung" aus und trägt objektiv zur Schwächung der Positionen der imperialistischen Monopole auf dem Kapitalmarkt der Entwicklungsländer bei.

Die Londoner Zeitschrift „Economist" hat in diesem Zusammenhang mit Besorgnis geschrieben: „Wenn man Finanzen zu leichten Bedingungen erhalten kann, so wird es bei Ländern, die Anleihen aufnehmen, nur einen geringeren Stimulus geben, um jene Forderungen zu akzeptieren, die bei Anleihen zu kommerziellen Zinsen gestellt werden". In derartigen Klagen liegt ein Teil Wahrheit. Die zur Festigung der Positionen des Imperialismus in den Entwicklungsländern gewährte „Hilfe" ermöglicht in gewissem Maße eine Untergrabung des „heiligen Prinzips" des Profits. Darin besteht eines der Paradoxa der unumgänglichen Vertiefung der Krise der kapitalistischen Weltwirtschaft.

Die Zugeständnisse der imperialistischen Staaten an die befreiten Länder auf dem Gebiete der Kreditierung ihrer Produktivkräfte sind vor allem das Ergebnis des Einflusses des sozialistischen Weltsystems auf die internationalen Wirtschaftsbeziehungen in der kapitalistischen Weltwirtschaft unter den Bedingungen des Zerfalls des Kolonialsystems. Sie kann man mit vollem Recht zu den Aktiva jener Hilfe zählen, die die UdSSR und die anderen sozialistischen Staaten den ehemaligen kolonialen und abhängigen Ländern gewähren. Die Perspektive zur Entwicklung dieser neuen, für die kapitalistische Wirtschaft nicht üblichen Beziehungen besteht darin, daß die weitere Festigung der ökonomischen Macht des sozialistischen Lagers und die Erweiterung der allseitigen gleichberechtigten Zusammenarbeit zwischen den sozialistischen und den schwachentwickelten Ländern die wichtigsten kapitalistischen Staaten immer häufiger zwingen wird, Zugeständnisse an die befreiten Länder zu machen.

All dies bedeutet jedoch nicht, daß sich das Wesen des Monopolkapitals ändert. Die wirkliche Hilfe eines Landes an andere Länder ist, wie die gesamte Nachkriegserfahrung zeigt, eine Erscheinung, die dem Wesen des Kapitalismus organisch fremd ist. Die Monopolisten versuchen lediglich, sich den neuen, für sie ungünstigen internationalen Bedingungen anzupassen. Dabei hegen die Monopole hartnäckig die Hoffnung, daß sie unter Ausnutzung der staatlichen „Hilfe" letzten Endes zum früheren System der internationalen finanziellen

Beziehungen zurückkehren können, bei denen nach den Worten von Präsident Johnson „das Privatkapital für die Entwicklungsländer den größten Teil der Arbeit verrichten soll".[13]

Gleichzeitig rechnen die Monopolisten damit, daß es ihnen in nicht allzuferner Zukunft gelingt, die Entwicklungsländer zu zwingen, die gegenwärtigen Aufwendungen für staatliche Hilfe voll zu ersetzen.[14] Vorerst versucht jedoch der Imperialismus, die erzwungenen Zugeständnisse an die Entwicklungsländer durch Verstärkung ihrer Ausbreitung auf dem kapitalistischen Weltmarkt zu kompensieren.

Das Kapital kehrt mit Profit zurück

Bisher haben wir in der Hauptsache die reine Kapitaleinfuhr aus den kapitalistischen Staaten in die Entwicklungsländer untersucht. Wie steht es nun mit der umgekehrten Bewegung des Kapitals? Anders gesprochen, welches sind die Maßstäbe der Ausbeutung dieser Länder durch den Imperialismus? Zur Antwort auf diese Frage stehen natürlich nur äußerst unvollständige, weitgehend zu niedrig ausgewiesene und zerstreute Materialien der bürgerlichen Statistik zur Verfügung. Die bürgerliche Statistik versucht auf alle mögliche Art und Weise, aus völlig verständlichen Gründen, das wirkliche Bild dieser Ausbeutung zu verschleiern und zu bemänteln. Aber selbst nach den vorhande-

Tabelle 6

Entwicklungsländer: Netto-Zuflüsse an langfristigem Kapital und staatlichen Zuschüssen aus führenden kapitalistischen Ländern und Netto-Zins- und Dividendenzahlungen (in Md. Dollar)*

	jahresdurchschnittliche Angaben			insgesamt
	1951—1955	1956—1959	1960—1962	1951—1962
1. Netto-Zufluß an langfristigem Kapital und staatlichen Zuschüssen	1,9	3,7	4,4	37,5
2. Netto-Zins- und Dividendenzahlungen auf ausländische Kapitalanlagen	—1,5	—2,1	—2,4	—23,1
3. Prozentuales Verhältnis von Punkt 2 zu Punkt 1	79	55	55	62

* Auf der Grundlage von Angaben für 38 Entwicklungsländer und für die Ländergruppe der Franc-Zone; die Angaben über den Zufluß von Mitteln in die letzte Gruppe enthält nicht den Zufluß an Privatkapital.
Quelle: „World Economic Survey, 1963", S. 236.

[13] „The Department of State Bulletin", 9. XI. 1964, S. 676.

[14] Ein äußerst charakteristisches Eingeständnis machte im September 1963 der Leiter der amerikanischen Verwaltung für internationale Entwicklung, David Bell. „Es muß hervorgehoben werden", sagte er, „daß nach Beendigung der zu „weichen" Bedingungen gewährten Wirtschaftshilfe, diese Länder aus der Export-Import-Bank Anleihen erhalten können, deren Zinssatz genügend hoch ist, um alle Ausgaben — gegenwärtig ungefähr $5^3/_4$% — zu decken". („The New York Times Magazine", 1. IX. 1963, S. 36.)

nen Gesamtberechnungen kann man gewisse Schlußfolgerungen über ein schnelles Anwachsen der Ausbeutung der Entwicklungsländer durch ausländische Monopole auf der Grundlage des Kapitalexports in den letzten Jahren ziehen. Bezeichnend sind Angaben, die aus Veröffentlichungen der UNO entnommen sind. (Siehe Tabelle 6)

Die Netto-Ausfuhr nur von Zinsen und Dividenden aus der angeführten Ländergruppe in die imperialistischen Staaten betrug also in 12 Jahren mehr als 23 Md. Dollar. Dabei erreichte dieser Abfluß zu Beginn der fünfziger Jahre im Jahresdurchschnitt 1,5 Md. Dollar, Ende der fünfziger Jahre 2,1 Md. Dollar und zu Beginn der sechziger Jahre bereits 2,4 Md. Dollar. In dieser Zeit betrug die Netto-Ausfuhr von Zinsen und Dividenden aus den befreiten Ländern mehr als 50% des reinen Zuflusses aller Mittel aus entwickelten kapitalistischen Ländern in diese Länder. Es muß berücksichtigt werden, daß die Angaben in Tabelle 6 sich nur auf einen Teil der Länder beziehen, die weniger als die Hälfte der gesamten Gruppe ökonomisch schwachentwickelter Länder ausmachen. Kann man nun ihre gesamten Verluste berechnen?

Wie aus Tabelle 4 ersichtlich wird, betrug der gesamte Netto-Zufluß an Mitteln in diese Ländergruppe von 1951—1962 insgesamt 50 Md. Dollar. Folglich entfielen auf jene Entwicklungsländer, die nicht in Tabelle 6 einbezogen sind, ungefähr 13 Md. Dollar. Wenn man das in der Tabelle angeführte Verhältnis zwischen der Netto-Einfuhr und der Netto-Ausfuhr an Kapital auch gegenüber den restlichen Entwicklungsländern anwendet, so kommt man auf der Grundlage sogar dieser offensichtlich zu niedrig ausgewiesenen Angaben zu der Schlußfolgerung, daß die Netto-Zahlungen der gesamten Ländergruppe in Form von Zinsen und Dividenden in den angeführten 12 Jahren mehr als 30 Md. Dollar betrugen und die jahresdurchschnittlichen Zahlungen von 1960—1962 3,3 Md. Dollar erreichten. Nehmen wir an, daß die Monopole die Summe ihrer Profite in den Entwicklungsländern nur um 25% zu niedrig ausweisen (dies ist eine sehr bescheidene Annahme), so ergibt sich, daß die jahresdurchschnittliche Summe der Zahlungen dieser Länder für ausländische Kapitalanlagen in den letzten Jahren mehr als 4 Md. Dollar beträgt.

In diese Angaben sind die Rückzahlungen der Entwicklungsländer an Amortisationen für früher erhaltene Anleihen, die äußerst große Summen darstellen, nicht einbezogen. In den letzten Jahren betrugen sie allein für staatliche Anleihen, die von den kapitalistischen Staaten an 35 Entwicklungsländer gewährt wurden, 1,5 Md. Dollar und waren mehr als doppelt so hoch wie die Summe der Zinsen für diese Anleihen. Die Summe der zurückzuzahlenden Mittel war im Jahre 1963 um mehr als das Dreifache größer als 1956.

Wenn man also zu den Zahlungen für Zinsen und Dividenden die Rückzahlungen der Hauptsummen nur für staatliche Anleihen hinzufügt, so erreicht die gesamte (unvollständige) Summe, die die Imperialisten aus den Entwicklungsländern erhalten haben, fast die Gesamtsumme der Netto-Einfuhr an Mitteln in diese Länder, welche 1960 bis 1962 im Jahresdurchschnitt 6 Md. Dollar betrug.

Die Kapitalausfuhr ist bei weitem nicht das einzigste Mittel der wirtschaftlichen Expansion der Entwicklungsländer und ihrer Ausbeutung durch die ausländischen Monopole. Es ist bezeichnend, daß gerade in jener Periode, in der der Imperialismus begann, den Entwicklungsländern die größte Hilfe zu gewähren, ihre Ausplünderung durch die imperialistischen Staaten über den Außenhandel besonders anwuchs. Die fünfziger Jahre und der Beginn der sechziger

Jahre verliefen unter dem Vorzeichen einer rapiden Verschlechterung der Lage der ökonomisch rückständigen Länder auf dem kapitalistischen Weltmarkt.

Die Autoren der Weltwirtschaftsübersicht der UNO sind der Meinung, daß die allgemeine Verlustsumme dieser Länder im Ergebnis der für sie ungünstigen Veränderungen im Preisverhältnis für Export- und Importwaren im Handel mit den entwickelten kapitalistischen Industriestaaten in der Zeit von 1950 bis 1962 – 16,7 Md. Dollar beträgt.[15] Selbst wenn man von den Berechnungen der UNO ausgeht, erweisen sich die Außenhandelsverluste der Entwicklungsländer von 1951–1962 als um 4 Md. Dollar größer als der Netto-Zufluß an ausländischem Privatkapital in diese Länder in der gleichen Periode (einschließlich Reinvestitionen; ohne die Reinvestitionen wären diese Verluste fast um das Vierfache größer). Im Verhältnis zu den von den kapitalistischen Staaten erhaltenen langfristigen Anleihen und Krediten betragen diese mehr als 120% und im Verhältnis zu den Subsidien 77%.

Deshalb ist es nicht verwunderlich, daß unter den Bedingungen des Zerfalls des Kolonialsystems das Wachstum der Schulden der Entwicklungsländer gegenüber den imperialistischen Staaten ständig zunimmt. Das Wachstumstempo der Verschuldung erreichte nach ungefähren Berechnungen der UNO von 1955–1962 Ausmaße, wie sie die gesamte Geschichte der kapitalistischen Weltwirtschaft bisher nicht kannte. Allein in der Sphäre der staatlichen Verschuldung betrug es ungefähr 15% im Jahr. Die staatlichen Auslandsschulden von ungefähr 70 Entwicklungsländern erhöhten sich in dieser Periode von 8–10 Md. Dollar auf 25–26 Md. Dollar. Im Jahre 1964 betrugen sie 30 Md. Dollar. Ungefähr 50% dieser Summe muß bis 1967 bezahlt werden.[16] Mit anderen Worten, je mehr die Entwicklungsländer vom Imperialismus Hilfe erhalten, um so mehr müssen sie für diese Hilfe an das Auslandskapital Tribut bezahlen. Wenn das gegenwärtige Wachstumstempo der Schulden in den nächsten 10 Jahren anhält, kann ihr Gesamtumfang zum Beginn der siebziger Jahre schon 100 Md. Dollar erreichen.

Die imperialistische Ausbeutung infolge der Ausnutzung neuer Formen der Finanzexpansion durch die Monopole bleibt das Haupthindernis für die Lösung grundlegender ökonomischer und sozialer Aufgaben, die gegenwärtig vor den Völkern der Entwicklungsländer stehen. Die kapitalistische Wirklichkeit bestätigt anschaulich die Analyse der gegenwärtigen Etappe der nationalen Befreiungsbewegung, wie sie im Programm der Kommunistischen Partei der Sowjetunion gegeben ist. Diese Etappe ist nicht durch zeitweilige, vorübergehende Faktoren bedingt. Sie ist das gesetzmäßige Ergebnis der ständigen Vertiefung der Krise des Kapitalismus auf dem Gebiete der weltwirtschaftlichen Verbindungen und charakterisiert eine der Richtungen des allgemeinen Prozesses des weiteren Niedergangs und Zerfalls des kapitalistischen Weltsystems. Mit der Erringung einer wahrhaften Unabhängigkeit und der Liquidierung der schweren Überreste treten die Entwicklungsländer in eine wichtige Periode ihrer Geschichte, in die Periode des entscheidenden Kampfes gegen den Imperialismus, gegen sein ausbeuterisches Weltwirtschaftssystem.

[15] „World Economic Survey, 1963", S. 235.

[16] „Economic growth and external debt – a statistical presentation". E/Conf. 46/40, 16. III. 1964.

Die Chemieindustrie nach dem zweiten Weltkrieg im Spiegel der Statistik*

LOLA ZAHN

Eine wichtige Entwicklungsrichtung der technischen Revolution besteht darin, daß chemische Erzeugnisse und Verfahren immer mehr in alle Zweige der Volkswirtschaft und in die individuelle Konsumtion eindringen. Viele Erzeugnisse der organisch-chemischen Synthese wie Plaste, synthetische Fasern, Farbstoffe und Harze, chemische Dünge- und Pflanzenschutzmittel, pharmazeutische Produkte (Antibiotika, Sulfadrogen, synthetische Hormone, Vitamine) usw. werden Industrie und Landwirtschaft, dem Familienhaushalt und dem öffentlichen Gesundheitsdienst zur Verfügung gestellt. Synthetische chemische Binde- und Lösemittel ermöglichen die Anwendung überlegener Verfahren in der Industrie wie z. B. der chemischen Klebetechnik in der Metallverarbeitung.

Mit und durch die Chemisierung der Volkswirtschaft entwickelte sich die Chemieindustrie — wissenschaftlich begründet wie die Elektroindustrie vor mehr als einem halben Jahrhundert — nach dem zweiten Weltkrieg zu einem führenden Zweig der Volkswirtschaft.

I. Produktionswachstum

Der Prozeß des besonders stürmischen Wachstums der modernen Chemieindustrie setzte in den einzelnen Ländern zu verschiedener Zeit ein; besonders früh begann er in Westdeutschland, Italien und in Japan einzusetzen, in Ländern also, die längere Zeit benötigten, um die durch Krieg und Niederlage an ihrem ökonomischen Potential erlittenen Einbußen wettzumachen. Mit Ausnahme von Dänemark und Österreich ist die Chemieproduktion (bis 1962) bedeutend rascher als die Industrieproduktion im Durchschnitt angewachsen.

Das rasche Wachstumstempo der Chemieindustrie führte in Westdeutschland gegenüber 1950 fast zu einem fünffachen, in Japan zu einem neunfachen und in Italien zu einem sechsfachen Produktionsumfang, während die Chemieproduktion sich in Frankreich verdreifachte und in Großbritannien, in den USA und in Kanada mehr als verdoppelte. Die Chemieindustrie entwickelte sich also in allen Industrieländern zu einem führenden Industriezweig, d. h., sie trug zum technischen Fortschritt aller übrigen Industriezweige bei und war der Schrittmacher der konjunkturellen Entwicklung.

* Die Untersuchung bezieht sich auf die statistische Beilage dieses Heftes und auf Zahlenmaterial aus „Bjulleten' inostrannoj komerčeskoj informacii 1965", Priloženie Nr. 5.

II. Wachstumsraten

Die Herausbildung der chemischen Industrie zu einem führenden Industriezweig, hervorgerufen durch die wissenschaftlich-technische Revolution, war mit einem hohen, nur vereinzelt unterbrochenen Wachstumstempo verbunden. Durch dieses Entwicklungstempo trug die Chemieindustrie nicht unwesentlich dazu bei, Rückgänge in anderen Industriezweigen auszugleichen und jährliche Zuwachsraten der Gesamtproduktion zu sichern.

Typisch sind auch über dem Durchschnitt liegende Jahreszuwachsraten der Chemieindustrie. Daher pflegen bürgerliche Publizisten sie als Wachstumsindustrie zu bezeichnen. In den USA, die drei Kriseneinbrüche erfuhren, wies die Chemieindustrie stets ein überdurchschnittliches Entwicklungstempo auf und verzeichnete selbst in den Krisenjahren 1949, 1954 und 1958 keine oder unbedeutende Rückgänge. In Kanada fiel die Chemieindustrie nur 1956 und 1961 hinter die allgemeine Entwicklung zurück. Westdeutschland und Italien weisen 1952 schwache bzw. rückläufige Entwicklungsraten der Chemieindustrie und nur für 1955, einem zyklischen Kulminationsjahr, bzw. für 1957 unterdurchschnittliche Raten auf. Weniger konjunkturtragend scheint die Chemieindustrie in den kleineren Ländern, z. B. in den nordischen Ländern, gewesen zu sein.

Obwohl die Entwicklung der Chemieindustrie von der technischen Entwicklung und ihrem raschen Tempo vorangetrieben wird, weist auch sie sehr ungleichmäßige Wachstumsraten auf. Größeren Rückgängen bis zu 7, 8 und über 9 Prozent (Frankreich, Österreich, Belgien, Dänemark) im Jahre 1952 folgen maximale Wachstumsraten von 23,5 für Japan und Italien im Jahre 1953, 23, 20 und 15 für Italien, Norwegen und Belgien im Jahre 1954, 17,7 für Österreich 1955 usw.

Nach dem Jahr 1952 liegen die Schwankungsbreiten
in den USA zwischen 1,0 (1954) und 16,2 (1955)
in Kanada zwischen 1,9 (1961) und 12,4 (1953)
und in Japan zwischen 3,7 (1958) und 23,5 (1953).

Aus den Schwankungsbreiten der Industrieproduktion einerseits und der Chemieproduktion andererseits lassen sich die jeweiligen Differenzen zwischen Maximal- und Minimalrate ermitteln. Die so ermittelten Reihen von Differenzen ergeben folgendes Bild:

Differenzpunkte zwischen Maximal- und Minimalrate
(einschließlich negativer Rate)

	Industrieproduktion	Chemieproduktion
Belgien	15,9	23,3
Dänemark	16,2	20,3
Frankreich	12,3	25,3
Großbritannien	11,1	24,6
Italien	13,0	29,3
Niederlande	11,0	23,7
Norwegen	15,8	29,4
Österreich	16,2	25,7
Schweden	11,3	9,0
Westdeutschland	11,8	16,4
USA	19,2	17,2
Kanada	10,0	10,5
Japan	26,6	19,8

Auch unter Einbeziehung der mittleren Wachstumsraten ergeben sich höhere Durchschnittsraten für die Produktionsentwicklung der Chemieindustrie gegenüber der Gesamtindustrie.
Es ergeben sich für die Zeit von 1952 bis 1963 folgende unterschiedliche Durchschnittswachstumsraten für die Entwicklung der Industrieproduktion insgesamt und für die Entwicklung der Chemieproduktion:

Durchschnittliche Wachstumsraten ausgewählter kapitalistischer Länder in der Periode 1952–1963

	Zeitraum	Gesamte Industrie 1	Chemische Industrie 2
Belgien	1952–1963	3,2	5,8
Dänemark[1]	1952–1961	4,7	3,6
Frankreich	1952–1963	5,9	9,5
Großbritannien	1952–1963	2,8	5,8
Italien	1952–1963	8,7	13,3
Niederlande	1952–1963	5,8	6,9
Norwegen	1952–1963	5,4	6,5
Österreich	1952–1963	6,4	7,2
Schweden[2]	1952–1959	3,3	4,4
Westdeutschland	1952–1963	7,8	11,4
USA	1952–1963	3,8	6,4
Kanada	1952–1963	4,5	6,6
Japan	1952–1963	14,3	15,4

[1] Zahlen nur bis 1961 vorhanden
[2] Zahlen nur bis 1959 vorhanden

Damit weist die chemische Industrie, obwohl sie ein hohes Wachstumstempo und relativ hohe Wachstumsraten an den Tag gelegt hat, eine starke Ungleichmäßigkeit in ihrer Entwicklung auf und zeigt die Sprunghaftigkeit der Produktionszunahme im Zuge des technischen Fortschritts unter kapitalistischen Bedingungen. Die chemische Industrie weist selber heftige zyklische Schwankungen auf und trägt in den meisten Jahren gleichzeitig durch ihre Gesamtentwicklung, insbesondere durch ihre relativ hohen Wachstumsraten zum Ausgleich der Entwicklungsdifferenzen zwischen den übrigen Industrie- und Wirtschaftszweigen bei.

III. Neue Erzeugnisabteilungen der Chemieindustrie

Während sich in Westdeutschland die Industrieproduktion bis 1963 gegenüber 1953 verdoppelte, hat sich der Umfang der chemischen Industrie verdreifacht. Dazu trugen in besonderem Maße zwei neue Zweige – die Petrolchemie und die Kunststoffindustrie – bei, deren Anteil am Umsatz der chemischen Industrie von 1953 allein bis 1961 von 14 Prozent auf 22,6 Prozent bzw. von 3,5 Prozent auf 6,8 Prozent anstieg.

Vor allem dadurch, daß diese neuen Zweige der chemischen Produktion forciert wurden, erhöhte sich die quantitative Bedeutung der Chemieindustrie in Westdeutschland und kam derjenigen der USA näher. Von 1952 bis 1961 stieg ihr Anteil am Umsatz der Industrie in Westdeutschland von 10,7 auf 13,5 (gegenüber Anteilen in den USA von 16,8 und 18,0). Die Anteilsdifferenz verminderte sich um rund ein Drittel.

Die Chemieindustrie entwickelte sich zu einem volkswirtschaftlich bestimmenden Industriezweig, indem sie in der Petrolchemie die materiell-technische Grundlage für die Versorgung der gesamten Volkswirtschaft mit billigeren und vorteilhafteren energetischen Produkten und produktiveren, vielseitigeren, bestimmten Eigenschaftsforderungen besser anzupassenden Ausgangsstoffen schuf. Wie die Kohle als Brennstoff durch das Heizöl abgelöst wird, so die Kohle als chemischer Rohstoff durch die Petrolfraktion des Mineralöls. Dazu kommt die große Bedeutung des Öls als Ausgangsprodukt für Kraftstoffe.

Alle industriell entwickelten Länder müssen daher diese Umstellung der Chemie von der Kohle auf Petrol- und Gasvorprodukte vornehmen, um die Wirtschaft ökonomisch mit Energie und Rohmaterial zu versorgen und auf den Außenmärkten konkurrenzfähig zu sein. 1963 wurden in den USA schon 93 Prozent der organisch-chemischen Ausgangsprodukte aus Erdöl und Gas, in Westeuropa 58 Prozent auf dieser Basis hergestellt.

Vom raschen Tempo dieser Umstellung zeugt die Errichtung zahlreicher neuer petrolchemischer Werke.

Petrolchemische Werke in den kapitalistischen Ländern im Jahre 1964

	1964 in Betrieb genommen	Gesamtanzahl 1964	im Bau bzw. projektiert
Kapitalistische Länder	67	rd. 1000	340
davon USA	25	534	100
Westeuropa	22	248	85
darunter England	5	46	16
Westdeutschland	—	46	—
Italien	—	36	—
Japan	—	63	37
Indien () und andere Entwicklungsländer Asiens	—	12 (6)	35
Länder Lateinamerikas	4	51	39

Quelle: Bjulleten inostrannoj kommerčeskoj informacii 1965 Priloženie Nr. 5, S. 102/103.

Für Frankreich fehlen Angaben. Die relative Bedeutung der französischen petrolchemischen Industrie läßt sich jedoch daran ermessen, daß Frankreich bis Ende 1964 460 Millionen Dollar investierte gegenüber Italien mit 925, Westdeutschland mit 725 und England mit 650 Millionen Dollar petrolchemischer Investitionen.

Zu den stärker industrialisierten Entwicklungsländern, die über Grundlagen sowohl der anorganischen wie der organischen Chemie verfügen, gehören Indien, Mexiko, Argentinien, und Brasilien.

Die Chemisierung der Volkwirtschaft als eine wesentliche Entwicklungsrichtung der technischen Revolution veranlaßt alle Industrieländer, die Chemieproduktion und insbesondere ihre technisch fortschrittlichen Abteilungen stark zu entwickeln. Zum Beispiel erzeugten die USA 1954 1,34 Millionen Tonnen Kunststoffe, 1962 aber 3,35 Millionen. Die EWG-Länder steigerten ihre Kunststofferzeugung in der gleichen Zeit von 0,48 auf 2,4 Millionen Tonnen, also auf das Fünffache, während die Kunststoffproduktion Großbritanniens eine ähnliche Progression wie die der USA nur auf niedrigerem Niveau aufwies (258 bzw. 250 Prozent Zuwachs). Die Kunststoffproduktion Westdeutschlands hatte die Großbritanniens 1954 eingeholt und überholt und übertraf sie 1962 um rund 80 Prozent. Italien und Frankreich wiesen hohe Wachstumsraten auf und näherten sich — auf dem dritten und vierten Platz im kapitalistischen Europa stehend — dem Produktionsstand Großbritanniens.

Interessant ist, daß besonders die kleineren Länder gezwungen sind, sich bei der Entwicklung neuer chemischer Zweige wie der Kunststofferzeugung stark zu spezialisieren und einen hohen Anteil ihrer Produktion auf den Außenmärkten abzusetzen. Die Kapitalintensität der chemischen Rohstoffsynthese, die Kontinuität des enormen Produktionsausstoßes und die Breite des Sortiments zwingen zu spezialisierter Massenerzeugung und verstärken die Exportabhängigkeit aller Kunststoffproduzenten. So exportierte auch Westdeutschland statt eines Fünftels der erzeugten Kunststoffmenge im Jahre 1954 fast zwei Fünftel im Jahre 1962. In den Niederlanden, Norwegen und Schweden erreicht der Exportanteil drei Viertel bis drei Fünftel der Erzeugungsmenge.

IV. Die Chemieindustrie in der kapitalistischen Weltwirtschaft

Die Chemisierung der Volkswirtschaft führt nicht nur zu wachsender Verflechtung aller Zweige mit der Chemieindustrie, sondern verstärkt auch die internationale Verflechtung der Volkswirtschaften. Daher hat die Entwicklung der chemischen Industrie zu einem führenden Industriezweig ihre Bedeutung im Außenhandel verstärkt.

In allen kapitalistischen Ländern stieg der Anteil chemischer Erzeugnisse am Gesamtimport, mit Ausnahme der USA, beträchtlich. Die Anteile lagen 1962 um 20 bis 80 Prozent (letzteres in Frankreich) höher als im Jahr 1953. Fast ausnahmslos wuchs der Chemieimport Jahr für Jahr schneller als der übrige Import (bzw. hatte in einzelnen Jahren geringere Rückgangsraten als dieser aufzuweisen. Nicht ganz so eindeutig war die Exportentwicklung der Chemieindustrie. In den meisten Ländern nahm der Export chemischer Erzeugnisse ralativ zu, wuchs also schneller als der Gesamtexport. Belgien, Norwegen und Österreich sowie Kanada bilden jedoch Ausnahmen.

Chemische Erzeugnisse hatten 1962 in den USA einen Anteil von 8,7 Prozent am Gesamtexport erreicht (1953: 5,4%), während der Import mit 3,2 Prozent unter dem Importanteil der Chemie von 3,5 Prozent im Jahre 1953 zurückblieb. Die USA haben auf den Außenmärkten trotz der Entwicklung der Chemieindustrie in allen entwickelten kapitalistischen Ländern für ihre Chemieerzeugnisse Absatz gesucht aber gleichzeitig ihren Binnenmarkt durch hohe Zollbarrieren verschlossen.

Von 1952 bis 1958 stieg der Chemieexport der USA in die EWG-Länder jährlich um 17 Prozent. Nach der Entstehung des erweiterten vereinheitlichten Marktes im Jahre 1958 sank der durchschnittliche jährliche Exportzuwachs der Chemieindustrie der USA gegenüber diesem Markt auf 8,3 Prozent.

Auch im Chemiesektor versuchten die USA, die Außenzollmauern durch Kapitalinvestitionen innerhalb des EWG-Zollgebiets zu umgehen. Die USA Chemieinvestitionen in Westeuropa stiegen von 325 Millionen Dollar im Jahre 1957 auf 877 Millionen Dollar im Jahre 1963. Die westeuropäischen Chemiemonopole konterten auf die gleiche Weise. Sie erhöhten ihre Direktinvestitionen in der Chemieindustrie der USA von 445 Millionen Dollar 1959 auf 895 Millionen Dollar im Jahre 1963. Davon entfielen z. B. 66,5 Millionen auf die westdeutschen IG-Farben. Die Herausbildung zollgeschützter Großregionen führte zur Verstärkung der internationalen Kapitalbewegung und zu wachsender Verflechtung der Monopole in der chemischen Industrie der entwickelten Länder.

Die Struktur des Chemie-Außenhandels und die Formen des Konkurrenzkampfes der Chemiemonopole haben sich den Bedingungen der rasch fortschreitenden Technik und der zunehmenden regionalen Integration angepaßt.

In der Außenhandelsstruktur ging der Anteil chemischer Ausgangsrohstoffe zugunsten chemischer Fertigerzeugnisse relativ zurück. Hier traten besonders neue Erzeugnisse, und zwar solche der chemisch-organischen Synthese, wie die Plaste, chemische Düngemittel, Medikamente usw., in den Vordergrund. So ist die Plasteproduktion besonders exportintensiv. Plaste hatten am internationalen Handel mit Chemiewaren einen wachsenden Anteil. Er stieg von 1963 bis 1964 am Export von 15,2 auf 15,6 Prozent und am Import von 15,4 auf 15,7 Prozent.

Innerhalb der einzelnen chemischen Erzeugnisgruppen gingen ebenfalls starke Umgruppierungen vor sich. Die Bauindustrie, die Automobil- und die Verpackungsindustrie entwickelten eine besonders große Nachfrage nach Plasten. So gingen 1964 etwa 30 Prozent der 9,6 Millionen Tonnen verbrauchter Plastmassen der kapitalistischen Länder in die Bauindustrie und 20 Prozent in die Verpackungsindustrie. Der Plastanteil je Auto stieg z. B. in den USA von 12,8 kg im Jahre 1963 auf 15,9 kg im Jahre 1964 an. Die genannten Zweige benötigten nun hauptsächlich Polymerisationsplaste (Polyäthylen, Polyvynilchlorid und Polystyrol). Innerhalb der einzelnen chemischen Erzeugnisgruppen gingen daher infolge der Erweiterung des Verbrauchs von Chemieerzeugnissen und von Nachfrageverschiebungen starke Umgruppierungen vor sich.

Die Struktur der Produktion von Plasten veränderte sich weiterhin zugunsten der Polymerisationsprodukte und auf Kosten der Polykondensationsplaste sowie der Zelluloseprodukte.

	USA	West-deutschland	England	Italien	Japan
Anteil der Produktion von Polymerisationsplasten an der Plasteproduktion In %: 1962	60,2	35,4	53,9	65,4	62,7
1963	62,0	38,9	58,0	66,9	62,0

Quelle: Bjulleten inostrannoj kommerčeskoj informacii 1965 Priloženie Nr. 5, S. 108.

Der rasche technische Fortschritt, Veränderungen in der Nachfrage und damit wachsende Absatzschwierigkeiten und erforderliche Produktionsumstellungen, der Übergang von Importländern zu eigener Chemieproduktion und stärker hinderliche Zollschranken haben zu neuen Formen der internationalen Verflechtung geführt. Schneller als der Kapitalexport stieg in der Chemieindustrie der Verkauf von Lizenzen an Auslandsfirmen. 1962 hatten z. B. die Chemiefirmen der USA aus dem Ausland Lizenzeinnahmen in Höhe von 140 Millionen Dollar und bestritten damit 30 Prozent aller USA-Lizenzeinnahmen.

* * *

Unsere statistische Umschau sollte die Nachkriegsentwicklung der Chemieindustrie der kapitalistischen Länder in ihren Umrissen aufdecken. Die veröffentlichten Statistiken machen es jedoch schwierig, ein genaueres Bild der Verflechtung der Chemieindustrie mit der übrigen Industrie zu gewinnen. Vergleichende Übersichten über die Entwicklung neuer Gebiete der Chemieindustrie — außer der Kunststoffindustrie — scheiterten an der internationalen Unvergleichbarkeit der statistischen Daten. Dennoch hoffen wir, daß statistische Entwicklungsreihen eines wichtigen Industriezweiges in Westdeutschland und internationale Entwicklungsübersichten unseren Lesern Anregungen und Einsichten für eigene Arbeiten geben werden. Für diesbezügliche Äußerungen wären wir unseren Lesern sehr zu Dank verpflichtet.

BUCHBESPRECHUNG

KLAUS V. WYSOCKI: „Öffentliche Finanzierungshilfen". Westdeutscher Verlag Köln und Opladen 1961, 297 Seiten.

Das vorliegende Buch umfaßt außer einer kurzen Einleitung und Zusammenfassung drei große Hauptabschnitte. Der Autor geht in seiner Untersuchung so vor, daß er im ersten großen Hauptabschnitt B, „Die Gewährung von Finanzierungsmitteln und Finanzierungshilfen der öffentlichen Hand an private Unternehmen", zunächst eine „Bestandsaufnahme der Formen" vornimmt, in denen die öffentlichen Leistungen gewährt werden. Er unterteilt diese grob in zwei Hauptgruppen: (277)[1]

„1. Finanzierungshilfen anläßlich der Finanzierung der Unternehmen mit Fremdkapital",
d. h. Gewährung staatlicher Kredite und staatlicher Finanzierungshilfen in Form von Sicherheitsleistungen und Zins- und Tilgungsbeihilfen;

„2. Finanzierungshilfen bei der Finanzierung der Unternehmen mit Eigenkapital",
d. h. staatliche Beteiligungsfinanzierung und staatliche Zuschüsse.

Da die einzelnen Arten der Finanzierung hier ausführlich beschrieben sind und der Autor darüber hinaus umfangreiches Quellenmaterial anführt, ist dieser Abschnitt für uns von besonderem Interesse.

Im nächsten Abschnitt C, „Vergleich der Wirkungen öffentlicher Finanzierungshilfen", untersucht Wysocki die Wirkungen der einzelnen staatlichen Finanzierungsarten und vergleicht sie miteinander vom Standpunkt ihrer Zweckmäßigkeit sowohl für den Staat als auch für die unterstützten Unternehmen.

Diese Vergleiche spielen bei Wysocki praktisch die Hauptrolle, zieht er doch im folgenden Abschnitt D, „Probleme der zweckmäßigen Ausgestaltung öffentlicher Finanzierungshilfen", Schlußfolgerungen dafür, wie die staatlichen Finanzierungshilfen beschaffen sein müssen, was bei ihrer Vergabe berücksichtigt werden muß, um die höchste Wirtschaftlichkeit zu erzielen.

Aus dem Gang der Untersuchung und seinen Schlußfolgerungen, die den Charakter von Vorschlägen für den Staat und die zu unterstützenden Unternehmen tragen, geht hervor, daß Wysocki nicht beabsichtigte, das Wesen und die Ursachen der staatlichen Finanzierung vom volkswirtschaftlichen Standpunkt aus zu untersuchen. Er verweist Erörterungen über die „mit der Gewährung von Finanzierungshilfen verbundenen gesamtwirtschaftlichen Vor- und Nachteile" (221) in die Theorie der Volkswirtschaftspolitik. Ihm geht es um die Herausarbeitung der „Bedingungen für einen zweckmäßigen Einsatz der verschiedenartigen öffentlichen Leistungen zur Finanzierungsförderung privater Unternehmen". (277)

Den Grund für die staatliche Aktivität auf dem Gebiet der Kapitallenkung sieht er darin, „daß aus wirtschaftsstrukturellen, sozialen und politischen Gesichtspunkten die Steuerung und Kontrolle der Kapitalbildung und der Kapitalverwendung in einer Volkswirtschaft nicht ausschließlich dem Angebots- und Nachfragemechanismus auf dem Geld- und Kapitalmarkt überlassen werden soll". (11)

[1] Alle Zahlenangaben beziehen sich auf das rezensierte Buch

Die staatliche Kapitallenkung widerspricht dem seiner Meinung nach marktwirtschaftlich orientierten Wirtschaftssystem der Bundesrepublik, sei aber aus verschiedenen anderen Gründen, z. B. gemeinwirtschaftlicher Art, notwendig.

Wysocki behandelt ausführlich die einzelnen Formen und Methoden der staatlichen Finanzierung. Er bemerkt sehr richtig, daß Form, Umfang und Bedingungen der öffentlichen Finanzierungshilfen die geplanten Ergebnisse entscheidend beeinflussen können. Er geht dabei allerdings so weit zu behaupten, daß „durch alternativen Einsatz der verschiedenen Leistungsarten... durch Anpassung der Verwendungsbedingungen an den jeweiligen (gemeinwirtschaftlichen) Verwendungszweck" und bei Berücksichtigung der „(erwarteten) Ertragslage und der (erwarteten) Reaktion der begünstigten Unternehmen" dort „jede gewünschte Wirkung hervorgerufen werden kann". (279)

Da die finanziellen Wirkungen der einzelnen Methoden staatlicher Finanzierung und deren Vergleiche miteinander die Hauptrolle in der Untersuchung Wysockis spielen, behandelt er die „zwischengeschalteten Zwischeninstanzen" (gemeint sind die verschiedenen Banken) oder die Sonderfonds (wie Lastenausgleich, ERP-Fonds u. a.), aus denen viele Finanzierungshilfen gespeist werden, fast ausschließlich vom Standpunkt ihrer technischen Funktionen.

Er unterteilt die Sonderfonds z. B. nach ihrer Zweckbestimmung und ihrer gesetzlich vorgeschriebenen Substanz- und Werterhaltung. Die „beachtlichen Unterschiede" zwischen den beiden Arten sieht er z. B. darin, daß die einen „vorwiegend zum Zwecke der Gewährung von Finanzierungshilfen gebildet worden sind (ERP-Sondervermögen, Investitionshilfe-Sondervermögen)", d. h. also in der Lage sind, verlorene Zuschüsse zu gewähren, was aber „in mehr oder minder kurzer Zeit zur Auflösung der Fonds führen würde". Die Bedeutung der anderen Art sieht er darin, daß diese Fonds (z. B. Ausgleichsfonds, Rücklagen der Sozialversicherungsträger) „vorwiegend sonstigen Zwecken zu dienen bestimmt sind" (37/38), d. h. also in jedem Falle Zinsen und die Rückzahlung der gewährten Kredite erfordern.

Man findet keine Einschätzung der volkswirtschaftlichen Bedeutung dieser sich ständig erneuernden Fonds für die Investitionstätigkeit einzelner Zweige, Monopole und Unternehmen bei Wysocki, wenn man von solchen Feststellungen, wie: „Der Sinn dieser zusätzlichen Finanzierungshilfen" (hier direkt gemeint das Investitionshilfegesetz) „lag — abgesehen von der Stärkung der Selbstfinanzierungsbasis — darin, der Grundstoffindustrie einen Zugang zu einem sich konsoliderenden Kapitalmarkt zu ebnen" (29) absieht, die noch dazu nicht das wirkliche Wesen dieses oder überhaupt der Sonderfonds treffen.

In ähnlicher Weise schätzt Wysocki auch die Rolle der Banken ein. Er sagt z. B., daß sich die Funktion der bei staatlicher Kreditvergabe (oder der durch Sonderfonds) zwischengeschalteten Banken, wie Sonderbanken, Hausbanken des Kreditnehmers und evtl. auch Geschäftsbanken mit zentralem Charakter in der Hauptsache auf die Durchleitung der Kredite beschränke. Dabei unterscheide man zwei Arten: die Kredite könnten einmal von der Hausbank „*im eigenen Namen*, aber auf *fremde Rechnung*" mit dem Letztkreditnehmer abgeschlossen werden, oder aber „*im eigenen Namen* und auf *eigene Rechnung*".

Der Unterschied bestehe lediglich „in der Verteilung der Haftung für die an die Letztkreditnehmer gewährten Kredite" (46), wobei die Haftung der Banken z. B. bedeutet, daß „der Hausbank in jedem Falle die Entscheidung überlassen bleibt, ob sie zu den in den Richtlinien festgelegten Bedingungen zur Kreditgewährung bereit ist oder nicht" und daß ihr „hinsichtlich der ihr zugestandenen Zinsspanne und der von ihr zu übernehmenden Risiken keine außerordentlichen Belastungen zugemutet werden dürfe . . ." (52). Letzten Endes läuft alles darauf hinaus, daß der staatliche Kredit wie jeder andere einen Zins zu erbringen hat und bis auf wenige Ausnahmen eines Tages wieder getilgt werden muß.

Nach der Untersuchung und dem Vergleich der einzelnen Methoden öffentlicher Finanzierung kommt Wysocki zu dem Ergebnis, daß sich zwei Arten von Wirkungen zeigten, und zwar eine Finanzierungswirkung und eine Einkommenswirkung.

Finanzierungswirkung hätten:

„1. Entgeltliche, zurückzahlbare Leistungen
(z. B. verzinsliche öffentliche Kredite, befristete öffentliche Beteiligungen, durch öffentliche Leistungen (Zinsbeihilfen, Sicherheitsleistungen) verbilligte private Kredite).
2. Unentgeltliche, zurückzahlbare Leistungen (z. B. unverzinsliche Kredite)."

Einkommenswirkung dagegen:

„3. Einmalige, nicht zurückzahlbare und unentgeltliche Leistungen (z. B. einmalige verlorene Zuschüsse).
4. Laufende, nicht zurückzahlbare, unentgeltliche Leistungen (z. B. Betriebsbeihilfen Verlustübernahmen, Steuerersparungen)." (228)

Dem Wirtschaftlichkeitsprinzip entsprechend, seien die ersteren natürlich vorzuziehen, da sie Produktion und Absatz stimulierten, während die letzteren nur das Einkommen der kreditierten Personen erhöhten (soweit man die öffentlichen Leistungen nicht an bestimmte Bedingungen knüpfen könne) und dadurch an einer Produktionsentwicklung nur evtl. mittelbaren Anteil hätten.

Ausgehend von diesem Wirtschaftlichkeitsfaktor, stellt Wysocki die verschiedenen Finanzierungsarten und -methoden einander gegenüber, um die für den Staat und die Unternehmen rentabelste Form des Kredits, die ein vorbestimmtes Ziel erreichen helfen soll, herauszufinden. Diese Vergleiche nehmen einen relativ breiten Raum ein (fast ein Viertel der gesamten Arbeit) und bilden praktisch die Basis für seine Schlußfolgerungen.

Wysocki geht dabei davon aus, daß Staat und Unternehmen grundsätzlich verschiedene Interessen hätten, die zwecks Erreichung bestimmter Ziele durch staatliche Mittel in Übereinstimmung gebracht werden müßten. Die Unternehmen würden die öffentlichen Mittel nur dann annehmen, wenn „ihr Selbstinteresse" nicht verletzt würde, d. h. nur, „wenn sie sich dadurch erfolgsmäßige Vorteile versprechen". (249) Darunter könnten auch andere Erfolge als hohe Profite verstanden werden (z. B. Vergabe öffentlicher Aufträge u. ä.). Wysocki findet solch ein Verhalten aber wenig wahrscheinlich.

Wysocki behauptet auch, daß die verschiedenen „Eigenkapitalfinanzierungs-Programme" (d. h. Finanzierung mit staatlicher Beteiligung an privaten Unternehmen) aus dem Grunde gescheitert seien, weil „die begünstigten Unternehmen nicht bereit waren, den öffentlichen Gesellschafter aufzunehmen" und dessen Einflußnahme zu dulden. Von der staatlichen Beteiligungsfinanzierung drohe ein „monopolisierter Einfluß des Staates auf die Investitions- und die laufende Gestaltung der Unternehmenspolitik".

Wysockis Befürwortung finden daher die Finanzierungsarten, die z. B. den Charakter einer „Initialzündung" tragen, d. h., die den Unternehmen die Anlaufschwierigkeiten bei einer bestimmten Produktion oder Betriebsumstellung abnehmen oder mindern helfen, oder aber staatliche Garantien und Bürgschaften. Bei den letzteren trete der Staat lediglich für die tatsächlich erfolgten Ausfälle ein oder ermögliche den begünstigten Unternehmen die Beschaffung notwendiger Mittel (z. B. für die Exportausdehnung), ohne die Mittel direkt bzw. in voller Höhe zu vergeben. Das gleiche trifft zu für die Übernahme von staatlichen Garantien „zur Sicherung gegen im Anlageland liegende politische Risiken, deren Übernahme für den Unternehmer schwer zumutbar erscheint". (137)

Dieser Ausgangspunkt Wysockis (die Interessengegensätze zwischen Staat und Unternehmen) setzt selbst seine Wirtschaftlichkeitsvergleiche in ein falsches Licht, da er die allgemeinen Zusammenhänge und Bedingungen außer Betracht läßt. Für ihn ist z. B. der Kapitalexport eine rein finanzielle Angelegenheit, den die Unternehmen dann betreiben, wenn er ihnen höhere Profite verspricht, als sie im Inland erhalten können. Das gleiche unterstellt er bei den Investitionsabsichten der Unternehmen.

Der Kapitalexport ist in der Bundesrepublik (besonders nach Entwicklungsländern) nicht nur eine Profitquelle, sondern auch ein politisches Programm, das der Staat natürlich mit allen Mitteln fördert, sei es mit der Übernahme politischer Risiken in den Anlageländern (was das Gläubiger-Schuldnerverhältnis auf die staatliche Ebene hebt), sei es durch Steuervergünstigungen, Subventionen, billige Kredite oder ähnliches.

Auch die Investitionsentscheidungen der Unternehmer hängen nicht nur von den „Erfolgserwartungen" und den „Motiven der absoluten und relativen Existenz-(Substanz-)erhaltung" ab, wie Wysocki meint. Er behauptet sogar, daß die Unternehmen selbst bei Vorhandensein genügender Finanzierungsmittel die Investitionen unterlassen würden, wenn diese beiden Gesichtspunkte fehlten.

Die Investitionsentscheidungen der Unternehmer (vor allem natürlich die der großen Monopole) hingen, besonders in den fünfziger Jahren, in Westdeutschland zum großen Teil auch davon ab, daß zu Investitionszwecken (und nur zu diesen!) bestimmte Rücklagen aufgelöst, bestimmte Fonds verwandt, hohe und höchste Abschreibungen vorgenommen und sogar Teile der sonst an den Staat abzuführenden Steuern eingesetzt werden konnten. Diese Anlagen tätigten die Unternehmen auch dann, wenn sie keine besonderen „Erfolgserwartungen" daran knüpften oder ihre Existenzerhaltung davon abhing.

Vom marxistischen Standpunkt ließen sich noch viele Einwände gegen Wysockis Art der Behandlung des Problems der staatlichen Finanzierung und seine daraus gezogenen Schlußfolgerungen erheben. So z. B. die Einschätzung der „gemeinwirtschaftlichen Motive" der staatlichen Finanzierung. Er führt sie als Beispiel dafür an, daß das Rentabilitätsprinzip auch durchbrochen werden könne, dann nämlich, wenn solche Unternehmen eine Förderung erführen, „die nicht in der Lage sind, sich die zu ihrer Errichtung, Erhaltung oder Erweiterung notwendigen finanziellen Mittel selbst zu beschaffen, weil die Rendite der in ihnen gebundenen oder zu bindenden Mittel unterhalb der gesamtwirtschaftlichen Normverzinsung liegt". (220)

Oder auch gegen die Behandlung der sozialen (z. B. gesamte Mittelstandspolitik des Staates, Maßnahmen für den Wohnungsbau, Gesetz über Bergmannsprämien u. a.) und politischen Bedingungen (Übernahme politischer Risiken bei Kapitalexporten durch den Staat, staatliche Finanzierungshilfen für „Vertriebene und Geschädigte", für „Zonenrand- und Grenzgebiete, zur Förderung Westberlins u. ä.), die von ihm nur mehr oder weniger der Vollständigkeit halber erwähnt werden.

Besonders vermißt man natürlich in einem Buch über öffentliche Finanzierungshilfen die Behandlung oder wenigstens Erwähnung der heute in Westdeutschland außerordentlich aktuellen und bereits sehr umfangreichen Rüstungsfinanzierung des Staates, der auf jeden Fall politische, aber auch ökonomische Motive zugrunde liegen. Selbst wenn man sich wie Wysocki von einer volkswirtschaftlichen Behandlung der staatlichen Finanzierung abgrenzt, dürfte man die Rüstungsfinanzierung auf keinen Fall außer acht lassen, da die Bedingungen der Rüstungsfinanzierung Auswirkungen sowohl auf den Umfang als auch auf die Methoden der übrigen staatlichen (und auch privaten) Finanzierung haben. Die Herausarbeitung der „Bedingungen für einen zweckmäßigen Einsatz der verschiedenartigen staatlichen Leistungen" ohne die Behandlung der Rüstungsfinanzierung ist zumindest lückenhaft.

Wir verweisen unsere Leser trotz der angeführten Mängel auf dieses Buch, weil es einen umfassenden Überblick über alle Arten staatlicher und halbstaatlicher Finanzierung, von den direkten und indirekten staatlichen Krediten, Beihilfen für Zins- und Tilgungszahlungen, Bürgschaften und Garantien, Beteiligungen und Subventionen, über die Aufgaben der zahlreichen Sonderfonds bis zu der durch staatliche Macht ermöglichten Umverteilung privater Mittel für bestimmte Aufgaben, gibt. Diese Übersicht wird ergänzt durch ein umfangreiches Quellenmaterial und Literaturverzeichnis.

Darüber hinaus wird der, sich mit dem Problem der staatlichen Finanzierung beschäftigende Leser viele Fragen angeschnitten finden, die noch einer ausführlichen und kritischen Behandlung durch marxistische Ökonomen harren.

RUTH ANDEXEL

CONTENTS

SOMMAIRE

СОДЕРЖАНИЕ

82219

WALFRIED SCHLIESSER

Das westdeutsche Versicherungskapital

Ein Beitrag zur Theorie und Praxis der kapitalistischen Versicherung der Gegenwart

1961. VIII, 223 Seiten – 16 Tabellen im Text und 11 Tabellen im Anhang – gr. 8° – MDN 12,50

Einfluß und Bedeutung des Versicherungswesens im ökonomischen System der imperialistischen Hauptländer wuchsen in den letzten Jahren schneller als die wirtschaftswissenschaftliche Forschung.

In diesem Buch unternimmt daher ein marxistischer Ökonom erstmalig den Versuch, das moderne kapitalistische Versicherungswesen mit seinen wichtigsten ökonomischen Prozessen, Erscheinungsformen und Methoden am Beispiel Westdeutschlands zu analysieren.

Besonders interessant sind dabei die Ergebnisse, zu denen der Verfasser bei der Bestimmung der ökonomischen Kategorien „Versicherungskapital" und „Versicherungsprofit", bei der Untersuchung der Nachkriegsentwicklung des westdeutschen Versicherungswesens, im Hinblick auf die Investitionsfinanzierung durch die Versicherungsgesellschaften, und bei der Behandlung der Konzentration und Zentralisation des westdeutschen Versicherungskapitals gelangt.

Durch die erstmalige Veröffentlichung aufsehenerregender Geheimdokumente wird zugleich die Rolle einiger führender noch heute in Westdeutschland bestehender Versicherungskonzerne im II. Weltkrieg und deren unmittelbare Zusammenarbeit mit der Gestapo aufgedeckt.

Bestellungen durch eine Buchhandlung erbeten

A K A D E M I E - V E R L A G · B E R L I N

FSC
www.fsc.org
MIX
Papier | Fördert gute Waldnutzung
FSC® C083411

Kolibri 360 GmbH
Ferdinand-Jühlke-Straße 7
99095 Erfurt, Deutschland
produktsicherheit@kolibri360.de